Gestão de empresas com ajuda da Inteligência Artificial

SIDINEI ZAMBERLAN ESPECIALISTA EM ADMINISTRAÇÃO DE EMPRESAS

SUMÁRIO

1

Introdução à Gestão Empresarial e Inteligência Artificial

1.1 O papel da inteligência artificial na gestão moderna

A inteligência artificial (IA) tem se tornado um elemento central na gestão empresarial contemporânea, transformando a maneira como as organizações operam e tomam decisões. Sua capacidade de processar grandes volumes de dados em tempo real permite que os gestores obtenham insights valiosos, otimizando processos e melhorando a eficiência operacional. A adoção de IA não é apenas uma tendência; é uma necessidade para empresas que buscam se manter competitivas em um mercado cada vez mais dinâmico.

Um dos principais benefícios da IA na gestão moderna é a automação de tarefas rotineiras, liberando os colaboradores para se concentrarem em atividades estratégicas. Por exemplo, softwares de gestão baseados em IA podem automatizar o controle de estoques, prevendo necessidades futuras com base em padrões históricos e tendências do mercado. Isso não só reduz erros humanos, mas também melhora a acuracidade dos estoques, um problema recorrente enfrentado por muitas empresas.

Além disso, a IA desempenha um papel crucial na análise preditiva, permitindo que as empresas antecipem demandas e ajustem suas operações conforme necessário. No setor logístico, algoritmos inteligentes podem otimizar rotas de entrega e prever atrasos antes que eles ocorram, resultando em economias significativas e maior satisfação do cliente. Essa capacidade preditiva é essencial para enfrentar desafios como flutuações no mercado e mudanças nas preferências dos consumidores.

No campo do marketing, ferramentas alimentadas por IA ajudam as empresas a segmentar seu público-alvo com precisão e personalizar campanhas publicitárias. A análise de dados comportamentais permite que as organizações criem ofertas mais relevantes para seus clientes, aumentando assim as taxas de conversão e impulsionando vendas. A integração da IA nas estratégias de marketing não apenas melhora o retorno sobre investimento (ROI), mas também fortalece o relacionamento com os clientes ao oferecer experiências mais personalizadas.

Inteligência Artificial

A inteligência artificial (IA) tem se tornado um elemento central na gestão empresarial contemporânea, transformando a maneira como as organizações operam e tomam decisões. Sua capacidade de processar grandes volumes de dados em tempo real permite que os gestores obtenham insights valiosos, otimizando processos e melhorando a eficiência operacional. A adoção de IA não é apenas uma tendência; é uma necessidade para empresas que buscam se manter competitivas em um mercado cada vez mais dinâmico.

Um dos principais benefícios da IA na gestão moderna é a automação de tarefas rotineiras, liberando os colaboradores para se concentrarem em atividades estratégicas. Por exemplo, softwares de gestão baseados em IA podem automatizar o controle de estoques, prevendo necessidades futuras com base em padrões históricos e tendências do mercado. Isso não só reduz erros humanos, mas também melhora a acuracidade dos estoques, um problema recorrente enfrentado por muitas empresas.

Além disso, a IA desempenha um papel crucial na análise preditiva, permitindo que as empresas antecipem demandas e ajustem suas operações conforme necessário. No setor logístico, algoritmos inteligentes podem otimizar rotas de entrega e prever atrasos antes que eles ocorram, resultando em economias significativas e maior satisfação do cliente. Essa capacidade preditiva é essencial para enfrentar desafios como flutuações no mercado e mudanças nas preferências dos consumidores.

No campo do marketing, ferramentas alimentadas por IA ajudam as empresas a segmentar seu público-alvo com precisão e personalizar campanhas publicitárias. A análise de dados comportamentais permite que as organizações criem ofertas mais relevantes para seus clientes, aumentando assim as taxas de conversão e impulsionando vendas. A integração da IA nas estratégias de marketing não apenas melhora o retorno sobre investimento (ROI), mas também fortalece o relacionamento com os clientes ao oferecer experiências mais personalizadas.

desempenho dos funcionários e identificar áreas onde são necessárias melhorias ou treinamentos adicionais. Isso ajuda os gestores a desenvolver planos de carreira mais eficazes e aumentar a motivação dentro das equipes. Em suma, o papel da inteligência artificial na gestão moderna vai além da simples automação; trata-se de uma transformação abrangente que redefine como as empresas operam e interagem com seus stakeholders.

Por fim, a inteligência artificial também está revolucionando a gestão do capital humano. Ferramentas baseadas em IA podem analisar o desempenho dos funcionários e identificar áreas onde são necessárias melhorias ou treinamentos adicionais. Isso ajuda os gestores a desenvolver planos de carreira mais eficazes e aumentar a motivação dentro das equipes. Em suma, o papel da inteligência artificial na gestão moderna vai além da simples automação; trata-se de uma transformação abrangente que redefine como as empresas operam e interagem com seus stakeholders.

1.2 Desafios enfrentados pelos gestores contemporâneos

No cenário empresarial atual, os gestores enfrentam uma série de desafios complexos que exigem habilidades multifacetadas e uma abordagem inovadora. A globalização, a rápida evolução tecnológica e as mudanças nas expectativas dos consumidores são apenas alguns dos fatores que complicam a gestão moderna. Esses desafios não só impactam a operação diária das empresas, mas também moldam suas estratégias de longo prazo.

Um dos principais desafios é a adaptação à transformação digital. Com o avanço da tecnologia, as empresas precisam integrar novas ferramentas e plataformas em seus processos operacionais. Isso requer não apenas investimentos financeiros significativos, mas também um esforço contínuo para capacitar os colaboradores a utilizarem essas tecnologias de forma eficaz. A resistência à mudança por parte da equipe pode ser um obstáculo considerável, tornando essencial que os gestores desenvolvam habilidades de liderança e comunicação para facilitar essa transição.

Além disso, a gestão da diversidade no local de trabalho se tornou uma prioridade crescente. As organizações estão cada vez mais reconhecendo o valor de equipes diversificadas em termos de criatividade e inovação. No entanto, isso traz à tona questões relacionadas à inclusão e ao gerenciamento de conflitos culturais. Os gestores devem estar preparados para criar um ambiente onde todos os colaboradores se sintam valorizados e respeitados, promovendo assim uma cultura organizacional saudável.

A sustentabilidade também é um desafio premente que os gestores contemporâneos devem enfrentar. Com o aumento da conscientização sobre questões ambientais, as empresas são pressionadas a adotar práticas mais sustentáveis em suas operações. Isso implica repensar cadeias de suprimento, reduzir desperdícios e implementar políticas que minimizem o impacto ambiental das atividades empresariais. Os líderes precisam equilibrar esses objetivos com as demandas financeiras da empresa, criando estratégias que sejam tanto éticas quanto lucrativas.

Por fim, a gestão do capital humano continua sendo um desafio significativo. Em um mercado competitivo por talentos, reter funcionários qualificados é crucial para o sucesso organizacional. Os gestores devem desenvolver programas eficazes de reconhecimento e desenvolvimento profissional que incentivem o engajamento dos colaboradores e reduzam a rotatividade. A implementação dessas iniciativas requer uma compreensão profunda das necessidades individuais dentro da equipe.

1.3 Objetivos do livro

Este livro tem como principal objetivo proporcionar uma compreensão abrangente da interseção entre gestão empresarial e inteligência artificial (IA). Em um mundo onde a tecnologia avança rapidamente, é crucial que os gestores não apenas reconheçam a importância da IA, mas também saibam como integrá-la de maneira eficaz em suas estratégias organizacionais. A obra busca equipar os leitores com as ferramentas necessárias para navegar nesse novo cenário, promovendo uma visão crítica sobre as oportunidades e desafios que surgem com a adoção da IA.

Um dos objetivos centrais é desmistificar a inteligência artificial, apresentando conceitos fundamentais de forma acessível. Ao longo do livro, serão exploradas as diferentes aplicações da IA nas empresas, desde automação de processos até análise preditiva. Essa abordagem visa capacitar os gestores a identificar áreas dentro de suas organizações onde a IA pode agregar valor significativo, melhorando eficiência e eficácia operacional.

Além disso, o livro pretende fomentar uma reflexão sobre as implicações éticas e sociais da implementação da IA nos negócios. É essencial que os líderes empresariais considerem não apenas os benefícios econômicos, mas também o impacto que suas decisões podem ter sobre colaboradores e comunidades. Assim, um dos objetivos é incentivar práticas de gestão responsáveis que priorizem tanto o sucesso financeiro quanto o bem-estar social.

Outro aspecto importante abordado na obra é o desenvolvimento das competências necessárias para liderar equipes em um ambiente cada vez mais digitalizado. O livro propõe diretrizes para que os gestores possam cultivar habilidades como pensamento crítico, adaptabilidade e inovação. Essas competências são fundamentais para enfrentar os desafios contemporâneos e garantir que as organizações se mantenham competitivas no mercado global.

Por fim, este livro almeja servir como um guia prático para a implementação de soluções baseadas em IA nas empresas. Com estudos de caso reais e exemplos práticos, espera-se que os leitores saiam equipados com conhecimento aplicável que possa ser utilizado imediatamente em suas práticas gerenciais.

2

Acuracidade de Estoques

2.1 Problemas comuns de estoque nas empresas

A acuracidade de estoques é um dos principais desafios enfrentados pelas empresas, impactando diretamente na eficiência operacional e na satisfação do cliente. A falta de precisão nos registros de inventário pode levar a uma série de problemas, como excessos ou faltas de produtos, que afetam tanto o fluxo de caixa quanto a reputação da empresa no mercado.

Um dos problemas mais comuns é a discrepância entre o estoque físico e o estoque registrado nos sistemas. Essa situação pode ocorrer devido a erros humanos durante o processo de contagem, falhas na atualização dos dados após vendas ou recebimentos, e até mesmo furtos internos. Para mitigar esses riscos, muitas empresas estão adotando tecnologias como códigos de barras e RFID (Identificação por Radiofrequência), que permitem um controle mais rigoroso e em tempo real dos itens em estoque.

Outro desafio significativo é a gestão inadequada do ciclo de vida dos produtos. Produtos perecíveis ou com alta rotatividade exigem uma atenção especial para evitar perdas financeiras. A falta de uma estratégia clara para monitorar as datas de validade ou os níveis mínimos necessários pode resultar em desperdício e custos adicionais. Implementar softwares que utilizam inteligência artificial para prever demandas futuras com base em dados históricos pode ser uma solução eficaz nesse contexto.

A logística também desempenha um papel crucial na acuracidade do estoque. Problemas relacionados ao transporte e à armazenagem podem causar atrasos na reposição dos produtos, levando à insatisfação do cliente final. A integração entre os sistemas logísticos e os sistemas de gestão de estoques é fundamental para garantir que as informações estejam sempre atualizadas e acessíveis aos gestores.

Por fim, a falta de treinamento adequado para os colaboradores envolvidos na gestão do estoque pode agravar ainda mais esses problemas. Investir em capacitação contínua não apenas melhora a eficiência operacional, mas também promove uma cultura organizacional voltada para a excelência no atendimento ao cliente.

2.2 Softwares de gestão de estoques

A adoção de softwares de gestão de estoques é fundamental para as empresas que buscam melhorar a acuracidade e eficiência em suas operações logísticas. Esses sistemas não apenas automatizam processos, mas também oferecem uma visão abrangente do inventário, permitindo que os gestores tomem decisões informadas com base em dados precisos e atualizados.

A adoção de softwares de gestão de estoques é fundamental para as empresas que buscam melhorar a acuracidade e eficiência em suas operações logísticas. Esses sistemas não apenas automatizam processos, mas também oferecem uma visão abrangente do inventário, permitindo que os gestores tomem decisões informadas com base em dados precisos e atualizados.

Um dos principais benefícios desses softwares é a capacidade de integrar diferentes áreas da empresa, como vendas, compras e logística. Essa integração garante que todos os departamentos tenham acesso às mesmas informações em tempo real, reduzindo a probabilidade de erros e discrepâncias nos registros. Por exemplo, quando um produto é vendido, o sistema automaticamente atualiza o estoque disponível, evitando situações de venda excessiva ou falta de produtos.

Além disso, muitos softwares modernos utilizam tecnologias avançadas como inteligência artificial e machine learning para prever demandas futuras. Essas ferramentas analisam padrões históricos de vendas e tendências do mercado para ajudar as empresas a planejar melhor seus estoques. Isso é especialmente útil em setores onde a demanda pode ser sazonal ou volátil, permitindo que as empresas se ajustem rapidamente às mudanças nas preferências dos consumidores.

A funcionalidade de rastreamento em tempo real também é uma característica essencial desses sistemas. Com o uso de códigos de barras ou RFID, as empresas podem monitorar cada item desde sua entrada no armazém até sua saída para o cliente final. Essa visibilidade não só melhora a acuracidade do inventário, mas também facilita auditorias internas e externas.

Por fim, a personalização dos softwares permite que as empresas adaptem as soluções às suas necessidades específicas. Desde relatórios detalhados até dashboards interativos que mostram métricas-chave em tempo real, essas ferramentas são projetadas para atender à diversidade das operações comerciais contemporâneas. Investir em um software adequado pode resultar em economias significativas e na melhoria da satisfação do cliente ao garantir que os produtos certos estejam sempre disponíveis no momento certo.

2.3 Contribuição da inteligência artificial para a acuracidade

A inteligência artificial (IA) tem se mostrado uma aliada poderosa na busca pela acuracidade de estoques, transformando a maneira como as empresas gerenciam seus inventários. Através da análise de grandes volumes de dados, algoritmos de IA conseguem identificar padrões e prever comportamentos que seriam impossíveis de serem detectados por métodos tradicionais. Essa capacidade não apenas melhora a precisão dos registros, mas também otimiza o processo logístico como um todo.

Um dos principais benefícios da IA é sua habilidade em realizar previsões mais precisas sobre a demanda futura. Utilizando técnicas de machine learning, os sistemas podem analisar dados históricos de vendas, sazonalidade e tendências do mercado para gerar previsões que ajudam as empresas a ajustar seus níveis de estoque. Por exemplo, uma loja de roupas pode usar esses insights para aumentar seu estoque antes da temporada de festas, evitando faltas ou excessos que impactariam negativamente nas vendas.

Além disso, a IA permite uma gestão proativa dos estoques através do monitoramento em tempo real. Sistemas equipados com tecnologia de IA podem alertar os gestores sobre discrepâncias nos níveis de estoque ou anomalias nos padrões de venda imediatamente. Isso significa que problemas podem ser resolvidos antes que se tornem críticos, garantindo que os produtos certos estejam sempre disponíveis no momento certo.

A automação proporcionada pela IA também reduz significativamente o erro humano na entrada e atualização dos dados do inventário. Com o uso de robôs e drones para contagem física e verificação dos estoques, as empresas conseguem manter registros mais precisos sem depender exclusivamente da intervenção manual. Essa abordagem não só aumenta a eficiência operacional como também libera os colaboradores para se concentrarem em tarefas mais estratégicas.

Por fim, a integração da IA com outras tecnologias emergentes, como Internet das Coisas (IoT), potencializa ainda mais a acuracidade dos estoques. Sensores conectados podem fornecer dados em tempo real sobre condições ambientais e movimentação dos produtos dentro do armazém, permitindo ajustes dinâmicos nas operações logísticas. Assim, ao adotar soluções baseadas em inteligência artificial, as empresas não apenas melhoram sua acuracidade operacional mas também se posicionam competitivamente no mercado.

3 Logística e Distribuição

3.1 Desafios logísticos nas organizações

A logística é um dos pilares fundamentais para o sucesso de qualquer organização, pois envolve a gestão eficiente do fluxo de produtos e informações desde a origem até o consumidor final. No entanto, as empresas enfrentam uma série de desafios logísticos que podem comprometer sua eficiência operacional e competitividade no mercado.

Um dos principais desafios é a acuracidade dos estoques. A falta de precisão na gestão de inventário pode levar a excessos ou faltas de produtos, resultando em custos adicionais e insatisfação do cliente. Para mitigar esse problema, muitas organizações estão adotando softwares avançados que utilizam inteligência artificial para prever demandas e otimizar níveis de estoque.

Outro desafio significativo é a complexidade da cadeia de suprimentos. Com fornecedores e clientes espalhados globalmente, as empresas precisam gerenciar múltiplos canais logísticos, o que pode resultar em atrasos e aumento nos custos operacionais. A implementação de sistemas integrados que proporcionem visibilidade em tempo real sobre toda a cadeia pode ser uma solução eficaz para este problema.

A variabilidade na demanda também representa um obstáculo considerável. Mudanças repentinas nas preferências dos consumidores ou flutuações sazonais podem desestabilizar os planos logísticos das empresas. O uso da análise preditiva, alimentada por dados históricos e tendências do mercado, permite que as organizações se preparem melhor para essas variações.

Além disso, questões relacionadas ao transporte são cruciais. O aumento dos preços do combustível e as regulamentações ambientais mais rigorosas exigem que as empresas busquem alternativas sustentáveis e eficientes em suas operações logísticas. Investir em tecnologias como veículos elétricos ou soluções de transporte colaborativo pode ajudar a reduzir custos e melhorar a imagem corporativa.

Por fim, a escassez de mão-de-obra qualificada no setor logístico tem se tornado um desafio crescente. As empresas precisam investir em treinamento contínuo e desenvolvimento profissional para garantir que seus colaboradores estejam aptos a lidar com novas tecnologias e processos logísticos complexos.

3.2 Principais softwares de logística disponíveis

A escolha do software de logística adequado é crucial para a eficiência operacional das empresas, pois esses sistemas são projetados para otimizar processos, reduzir custos e melhorar o atendimento ao cliente. Com a evolução da tecnologia, diversas soluções têm surgido no mercado, cada uma com características específicas que atendem diferentes necessidades logísticas.

Um dos softwares mais reconhecidos é o **WMS (Warehouse Management System)**, que auxilia na gestão de armazéns. Ele permite um controle preciso do inventário, rastreamento de produtos e otimização do espaço físico. Exemplos como o SkuVault e o JDA Warehouse Management são amplamente utilizados por empresas que buscam maximizar a eficiência em suas operações de armazenamento.

Outro tipo importante é o **TMS (Transportation Management System)**, que foca na gestão do transporte de mercadorias. Softwares como o Transporeon e o project44 oferecem funcionalidades que vão desde a seleção de transportadoras até a análise de desempenho logístico, permitindo às empresas tomar decisões informadas sobre suas operações de transporte.

A integração entre diferentes sistemas também é uma tendência crescente. Soluções como o **ERP (Enterprise Resource Planning)**, que incluem módulos específicos para logística, permitem uma visão holística das operações empresariais. Sistemas como o SAP ERP e o Oracle ERP Cloud são exemplos notáveis que integram finanças, recursos humanos e logística em uma única plataforma.

A análise preditiva tem ganhado destaque com softwares que utilizam inteligência artificial para prever demandas futuras e otimizar estoques. Ferramentas como o IBM Watson Supply Chain ajudam as empresas a se prepararem melhor para flutuações no mercado, garantindo um nível adequado de estoque sem excessos ou faltas.

No contexto atual, onde a sustentabilidade é cada vez mais valorizada, soluções logísticas também estão se adaptando para incluir práticas ecológicas. Softwares que monitoram emissões de carbono durante as operações logísticas estão se tornando essenciais para empresas comprometidas com a responsabilidade ambiental.

3.3 Inteligência artificial na otimização logística

A inteligência artificial (IA) tem se tornado uma ferramenta essencial na otimização logística, proporcionando soluções inovadoras que transformam a forma como as empresas gerenciam suas operações. A capacidade da IA de analisar grandes volumes de dados em tempo real permite que as organizações tomem decisões mais informadas e ágeis, resultando em melhorias significativas na eficiência operacional.

Um dos principais benefícios da aplicação da IA na logística é a previsão de demanda. Algoritmos avançados podem analisar padrões históricos de vendas, tendências de mercado e até mesmo fatores sazonais para prever com precisão a demanda futura por produtos. Isso ajuda as empresas a manter níveis adequados de estoque, evitando tanto excessos quanto faltas, o que é crucial para atender às expectativas dos clientes e minimizar custos operacionais.

Além disso, a IA pode otimizar rotas de entrega através do uso de algoritmos de roteamento inteligente. Sistemas como o Route4Me utilizam dados em tempo real sobre tráfego e condições climáticas para determinar as rotas mais eficientes para os veículos de transporte. Essa abordagem não apenas reduz o tempo e os custos associados ao transporte, mas também contribui para práticas mais sustentáveis ao diminuir as emissões de carbono.

A automação também é um aspecto importante da IA na logística. Robôs autônomos e sistemas automatizados são utilizados em armazéns para realizar tarefas repetitivas, como picking e packing, aumentando a produtividade e reduzindo erros humanos. Empresas como a Kiva Systems, agora parte da Amazon Robotics, exemplificam como a automação pode revolucionar operações logísticas ao permitir um manuseio mais rápido e eficiente dos produtos.

Por fim, a análise preditiva impulsionada pela IA não se limita apenas à gestão de estoques ou rotas; ela também pode ser aplicada à manutenção preditiva dos equipamentos logísticos. Ao monitorar continuamente o desempenho das máquinas e prever falhas antes que ocorram, as empresas podem evitar interrupções nas operações e reduzir custos com manutenção corretiva.

4
Marketing e Vendas

4.1 Fatores que impactam as vendas das empresas

Os fatores que impactam as vendas das empresas são diversos e interconectados, refletindo a complexidade do ambiente de negócios atual. Compreender esses fatores é essencial para que os gestores possam desenvolver estratégias eficazes e adaptativas. Entre os principais elementos que influenciam as vendas, destacam-se o comportamento do consumidor, a concorrência, a qualidade do produto ou serviço, e as estratégias de marketing utilizadas.

O **comportamento do consumidor** é um dos aspectos mais críticos. Mudanças nas preferências e necessidades dos clientes podem afetar diretamente a demanda por produtos e serviços. Por exemplo, durante crises econômicas, os consumidores tendem a priorizar compras essenciais em detrimento de itens supérfluos. Além disso, o aumento da conscientização sobre questões ambientais tem levado muitos consumidores a optarem por marcas sustentáveis, forçando as empresas a se adaptarem rapidamente às novas exigências.

A **concorrência** também desempenha um papel fundamental nas vendas. A presença de competidores diretos pode pressionar os preços e exigir inovações constantes para manter a relevância no mercado. Empresas que não conseguem diferenciar seus produtos ou serviços correm o risco de perder participação de mercado para concorrentes mais ágeis ou inovadores.

A **qualidade do produto ou serviço** é outro fator determinante. Produtos com alta qualidade tendem a gerar maior satisfação entre os clientes, resultando em recomendações boca-a-boca positivas e fidelização à marca. Investir em controle de qualidade e feedback contínuo dos clientes pode ser uma estratégia eficaz para melhorar as ofertas da empresa.

Por fim, as **estratégias de marketing**, incluindo publicidade digital, promoções e redes sociais, têm um impacto significativo nas vendas. O uso inteligente da inteligência artificial na segmentação de público-alvo permite campanhas mais personalizadas e eficazes. As empresas que adotam tecnologias emergentes para entender melhor seu público estão em uma posição privilegiada para maximizar suas vendas.

comportamento do consumidor, concorrência, qualidade do produto e estratégias de marketing — as empresas podem desenvolver abordagens mais robustas para impulsionar suas vendas no mercado competitivo atual.

Dessa forma, ao considerar todos esses fatores interligados — comportamento do consumidor, concorrência, qualidade do produto e estratégias de marketing — as empresas podem desenvolver abordagens mais robustas para impulsionar suas vendas no mercado competitivo atual.

4.2 Ferramentas de marketing eficazes

As ferramentas de marketing eficazes são essenciais para que as empresas possam se destacar em um mercado cada vez mais competitivo. Com a evolução da tecnologia e o comportamento dinâmico dos consumidores, é crucial que as organizações adotem estratégias inovadoras e adaptáveis. Neste contexto, exploraremos algumas das principais ferramentas que podem ser utilizadas para otimizar campanhas de marketing e impulsionar vendas.

Uma das ferramentas mais impactantes é o **marketing digital**, que abrange uma variedade de canais como redes sociais, email marketing e SEO (otimização para motores de busca). O uso dessas plataformas permite que as empresas alcancem um público-alvo específico com mensagens personalizadas. Por exemplo, campanhas no Instagram ou Facebook podem ser segmentadas por interesses, localização geográfica e comportamentos anteriores, aumentando significativamente a eficácia das ações promocionais.

Outra ferramenta poderosa é a **automação de marketing**. Softwares como HubSpot e Mailchimp permitem que as empresas automatizem tarefas repetitivas, como envio de emails e gerenciamento de leads. Isso não apenas economiza tempo, mas também garante que os clientes recebam comunicações relevantes no momento certo, melhorando a experiência do usuário e potencializando as taxas de conversão.

A **análise de dados** também desempenha um papel fundamental nas estratégias modernas de marketing. Ferramentas como Google Analytics oferecem insights valiosos sobre o comportamento do consumidor, permitindo ajustes em tempo real nas campanhas. Ao monitorar métricas como taxa de cliques (CTR) e retorno sobre investimento (ROI), as empresas podem identificar quais táticas estão funcionando e quais precisam ser reformuladas.

Além disso, o uso de **conteúdo visual**, como vídeos e infográficos, tem se mostrado extremamente eficaz na captura da atenção do público. Plataformas como YouTube ou TikTok possibilitam que marcas criem conteúdos envolventes que não apenas informam, mas também entretêm os consumidores. Essa abordagem pode aumentar o engajamento nas redes sociais e gerar maior reconhecimento da marca.

Por fim, a integração entre diferentes ferramentas é vital para maximizar resultados. A combinação estratégica entre automação, análise de dados e conteúdo visual pode criar uma sinergia poderosa que potencializa o impacto das campanhas publicitárias. Assim, ao adotar essas ferramentas eficazes, as empresas estarão melhor posicionadas para atender às demandas do mercado contemporâneo.

4.3 Inovações impulsionadas pela inteligência artificial

A inteligência artificial (IA) tem se tornado um motor de transformação no marketing e nas vendas, permitindo que as empresas não apenas otimizem suas operações, mas também ofereçam experiências personalizadas aos consumidores. A capacidade da IA de analisar grandes volumes de dados em tempo real possibilita insights profundos sobre o comportamento do cliente, o que é fundamental para a formulação de estratégias eficazes.

Uma das inovações mais significativas trazidas pela IA é a **personalização em larga escala**. Por meio de algoritmos avançados, as empresas podem segmentar seus públicos-alvo com uma precisão sem precedentes. Isso significa que campanhas publicitárias podem ser adaptadas para atender às preferências individuais dos consumidores, aumentando assim a relevância das mensagens e melhorando as taxas de conversão. Por exemplo, plataformas como Amazon utilizam recomendações baseadas em IA para sugerir produtos que os clientes estão mais propensos a comprar, resultando em um aumento significativo nas vendas.

Além disso, a **automação do atendimento ao cliente**, através de chatbots e assistentes virtuais, tem revolucionado a forma como as empresas interagem com seus clientes. Esses sistemas são capazes de responder perguntas frequentes e resolver problemas comuns 24 horas por dia, liberando os atendentes humanos para lidar com questões mais complexas. Um estudo recente mostrou que empresas que implementaram chatbots viram uma redução nos custos operacionais e um aumento na satisfação do cliente.

A análise preditiva é outra área onde a IA está fazendo ondas. Com técnicas como machine learning, as empresas podem prever tendências futuras com base em dados históricos. Isso permite ajustes proativos nas estratégias de marketing e vendas antes mesmo que mudanças no mercado ocorram. Por exemplo, marcas podem antecipar quais produtos estarão em alta demanda durante certas épocas do ano e ajustar seus estoques e campanhas promocionais adequadamente.

Por fim, o uso da **análise de sentimentos**, alimentada por IA, permite que as marcas compreendam melhor como os consumidores se sentem em relação aos seus produtos ou serviços através da análise de comentários nas redes sociais e avaliações online. Essa compreensão pode guiar melhorias no produto e na comunicação da marca.

5

Orçamento e Fluxo de Caixa

5.1 Relação entre orçamento e contas a pagar/receber

A relação entre orçamento e contas a pagar e receber é fundamental para a saúde financeira de uma empresa. O orçamento, que representa um planejamento financeiro detalhado, serve como um guia para as operações diárias, enquanto as contas a pagar e receber refletem o fluxo real de dinheiro na organização. A sinergia entre esses dois elementos é crucial para evitar surpresas financeiras e garantir que os recursos sejam alocados de maneira eficiente.

Um dos principais desafios enfrentados pelas empresas é a falta de alinhamento entre o orçamento planejado e as transações reais. Muitas vezes, as contas a pagar não são registradas ou monitoradas adequadamente, resultando em desvios significativos do plano orçamentário. Isso pode levar à escassez de caixa em momentos críticos, prejudicando a capacidade da empresa de honrar seus compromissos financeiros.

Para mitigar esses riscos, é essencial implementar sistemas robustos de gestão financeira que integrem o controle orçamentário com as contas a pagar e receber. Softwares modernos permitem que as empresas automatizem processos, reduzindo erros humanos e melhorando a acuracidade das informações financeiras. Além disso, essas ferramentas podem gerar relatórios em tempo real que ajudam os gestores a tomar decisões informadas sobre gastos e investimentos.

A análise periódica do fluxo de caixa também desempenha um papel vital nessa relação. Ao monitorar continuamente as entradas e saídas financeiras, os gestores podem identificar tendências que afetam o desempenho orçamentário. Por exemplo, se uma empresa percebe um aumento nas contas a receber devido à inadimplência dos clientes, pode ser necessário ajustar o orçamento para acomodar essa realidade ou implementar estratégias mais eficazes de cobrança.

contas a pagar e receber não apenas melhora o controle financeiro da empresa, mas também fortalece sua posição no mercado ao permitir uma resposta ágil às mudanças nas condições econômicas. A integração desses processos é um passo essencial para qualquer organização que busca sustentabilidade financeira no longo prazo.

Em suma, uma gestão eficaz do orçamento em conjunto com as contas a pagar e receber não apenas melhora o controle financeiro da empresa, mas também fortalece sua posição no mercado ao permitir uma resposta ágil às mudanças nas condições econômicas. A integração desses processos é um passo essencial para qualquer organização que busca sustentabilidade financeira no longo prazo.

5.2 Modelos de planilhas financeiras

Os modelos de planilhas financeiras são ferramentas essenciais para a gestão eficaz do orçamento e do fluxo de caixa em uma empresa. Eles permitem que os gestores visualizem, analisem e planejem as finanças de maneira estruturada, facilitando a tomada de decisões informadas. A utilização dessas planilhas pode variar desde simples registros até complexas análises preditivas, dependendo das necessidades específicas da organização.

Um dos principais benefícios dos modelos de planilhas financeiras é a sua flexibilidade. As empresas podem personalizar suas planilhas para atender às suas particularidades, como categorias específicas de receitas e despesas, projeções de vendas ou análise de custos. Por exemplo, uma pequena empresa pode optar por um modelo básico que inclua apenas entradas e saídas mensais, enquanto uma corporação maior pode necessitar de um sistema mais elaborado que integre múltiplas unidades de negócios e cenários financeiros.

A integração com softwares financeiros também é um aspecto importante a ser considerado ao desenvolver modelos de planilhas. Muitos sistemas modernos oferecem funcionalidades que permitem importar dados diretamente das contas bancárias ou sistemas ERP (Enterprise Resource Planning), reduzindo o tempo gasto em lançamentos manuais e minimizando erros. Além disso, essas integrações possibilitam atualizações em tempo real, permitindo que os gestores acompanhem o desempenho financeiro instantaneamente.

Outro ponto relevante é a importância da visualização dos dados. Gráficos e dashboards interativos dentro das planilhas podem ajudar na interpretação rápida das informações financeiras. Por exemplo, um gráfico que mostra a evolução do fluxo de caixa ao longo do ano pode destacar períodos críticos onde ajustes orçamentários são necessários. Essa abordagem visual não só facilita a compreensão dos dados como também melhora a comunicação entre as equipes envolvidas na gestão financeira.

Por fim, é fundamental realizar revisões periódicas dos modelos utilizados para garantir sua eficácia contínua. À medida que o ambiente econômico muda ou conforme novas metas são estabelecidas pela empresa, os modelos devem ser ajustados para refletir essas mudanças. A adoção regular dessas práticas assegura que as ferramentas financeiras permaneçam relevantes e úteis no suporte à saúde financeira da organização.

5.3 Inteligência artificial no controle do fluxo de caixa

A inteligência artificial (IA) tem se tornado uma ferramenta indispensável na gestão financeira, especialmente no controle do fluxo de caixa. Sua capacidade de processar grandes volumes de dados e identificar padrões permite que as empresas tomem decisões mais informadas e ágeis. A aplicação da IA nesse contexto não apenas otimiza o monitoramento das entradas e saídas financeiras, mas também proporciona previsões mais precisas sobre a saúde financeira da organização.

Um dos principais benefícios da IA no controle do fluxo de caixa é a automação de processos repetitivos, como a categorização de transações e a reconciliação bancária. Com algoritmos avançados, os sistemas podem aprender com dados históricos e classificar automaticamente as movimentações financeiras, reduzindo significativamente o tempo gasto em tarefas manuais. Isso libera os profissionais financeiros para se concentrarem em análises estratégicas e planejamento.

Além disso, a IA pode ser utilizada para realizar análises preditivas que ajudam as empresas a antecipar flutuações no fluxo de caixa. Por meio do aprendizado de máquina, os modelos podem identificar tendências sazonais ou comportamentais que impactam as receitas e despesas. Por exemplo, uma empresa pode prever um aumento nas vendas durante períodos festivos com base em dados anteriores, permitindo um planejamento orçamentário mais eficaz.

- Ajustes dinâmicos: A IA possibilita ajustes dinâmicos nas projeções financeiras à medida que novas informações se tornam disponíveis, garantindo que o fluxo de caixa seja sempre atualizado.
- Identificação de riscos: Sistemas inteligentes podem detectar anomalias ou comportamentos atípicos nas transações financeiras, ajudando na identificação precoce de fraudes ou problemas financeiros.
- Relatórios automatizados: A geração automática de relatórios financeiros detalhados facilita o acompanhamento contínuo do desempenho financeiro da empresa.

Por fim, a integração da inteligência artificial com outras tecnologias financeiras, como blockchain e sistemas ERP, potencializa ainda mais suas capacidades. Essa sinergia não só melhora a precisão dos dados financeiros como também aumenta a transparência nas operações. À medida que as empresas adotam essas inovações tecnológicas, elas se posicionam melhor para enfrentar desafios econômicos e maximizar sua eficiência operacional.

6
Análise SWOT nas Empresas

6.1 Identificação dos pontos fortes e fracos

A identificação dos pontos fortes e fracos de uma empresa é um passo crucial na análise SWOT, pois fornece uma visão clara sobre a posição competitiva da organização no mercado. Os pontos fortes são características internas que conferem vantagens à empresa, enquanto os pontos fracos são aspectos que podem limitar seu desempenho ou competitividade. Compreender esses elementos é fundamental para o desenvolvimento de estratégias eficazes.

Os pontos fortes podem incluir recursos como uma equipe altamente qualificada, tecnologia avançada, forte reputação de marca e uma base de clientes leal. Por exemplo, empresas como a Apple se destacam por sua inovação constante e design diferenciado, o que as coloca em uma posição vantajosa em relação aos concorrentes. Além disso, a capacidade de adaptação às mudanças do mercado também pode ser considerada um ponto forte significativo.

Por outro lado, os pontos fracos podem abranger desde limitações financeiras até deficiências operacionais. Uma empresa pode ter dificuldades com a gestão de estoques ou problemas na cadeia de suprimentos que afetam sua eficiência operacional. Um exemplo prático seria uma pequena empresa que não investe em marketing digital e, portanto, perde oportunidades valiosas para alcançar novos clientes. A falta de investimento em tecnologia também pode ser um fator limitante, especialmente em um mundo cada vez mais digitalizado.

A análise honesta e detalhada desses fatores internos permite que os gestores identifiquem áreas prioritárias para melhorias e alavanquem seus ativos mais valiosos. Para isso, é recomendável realizar entrevistas com colaboradores de diferentes níveis hierárquicos e aplicar questionários que ajudem a mapear percepções sobre os pontos fortes e fracos da organização.

A identificação dos pontos fortes e fracos de uma empresa é um passo crucial na análise SWOT, pois fornece uma visão clara sobre a posição competitiva da organização no mercado. Os pontos fortes são características internas que conferem vantagens à empresa, enquanto os pontos fracos são aspectos que podem limitar seu desempenho ou competitividade. Compreender esses elementos é fundamental para o desenvolvimento de estratégias eficazes.

Os pontos fortes podem incluir recursos como uma equipe altamente qualificada, tecnologia avançada, forte reputação de marca e uma base de clientes leal. Por exemplo, empresas como a Apple se destacam por sua inovação constante e design diferenciado, o que as coloca em uma posição vantajosa em relação aos concorrentes. Além disso, a capacidade de adaptação às mudanças do mercado também pode ser considerada um ponto forte significativo.

Por outro lado, os pontos fracos podem abranger desde limitações financeiras até deficiências operacionais. Uma empresa pode ter dificuldades com a gestão de estoques ou problemas na cadeia de suprimentos que afetam sua eficiência operacional. Um exemplo prático seria uma pequena empresa que não investe em marketing digital e, portanto, perde oportunidades valiosas para alcançar novos clientes. A falta de investimento em tecnologia também pode ser um fator limitante, especialmente em um mundo cada vez mais digitalizado.

A análise honesta e detalhada desses fatores internos permite que os gestores identifiquem áreas prioritárias para melhorias e alavanquem seus ativos mais valiosos. Para isso, é recomendável realizar entrevistas com colaboradores de diferentes níveis hierárquicos e aplicar questionários que ajudem a mapear percepções sobre os pontos fortes e fracos da organização.

identificação ao analisar grandes volumes de dados sobre desempenho organizacional e feedbacks dos clientes. Ferramentas analíticas podem destacar padrões que não seriam facilmente percebidos por análises manuais tradicionais. Assim, a combinação da experiência humana com tecnologias avançadas proporciona uma compreensão mais profunda das dinâmicas internas da empresa.

Além disso, o uso da inteligência artificial pode facilitar essa identificação ao analisar grandes volumes de dados sobre desempenho organizacional e feedbacks dos clientes. Ferramentas analíticas podem destacar padrões que não seriam facilmente percebidos por análises manuais tradicionais. Assim, a combinação da experiência humana com tecnologias avançadas proporciona uma compreensão mais profunda das dinâmicas internas da empresa.

6.2 Oportunidades e ameaças no mercado atual

A análise das oportunidades e ameaças no mercado atual é fundamental para que as empresas possam se posicionar estrategicamente em um ambiente de constantes mudanças. As oportunidades representam condições favoráveis que podem ser exploradas para o crescimento e a inovação, enquanto as ameaças são fatores externos que podem impactar negativamente o desempenho organizacional.

Atualmente, um dos principais fatores que gera oportunidades é a transformação digital. Com a crescente adoção de tecnologias como inteligência artificial, big data e automação, empresas têm a chance de otimizar processos, melhorar a experiência do cliente e criar novos modelos de negócios. Por exemplo, startups que utilizam plataformas digitais para oferecer serviços personalizados estão conquistando rapidamente fatias significativas do mercado tradicional. Além disso, a pandemia acelerou a digitalização em diversos setores, criando uma demanda por soluções online que muitas empresas ainda não haviam explorado.

Outro aspecto relevante é a crescente conscientização sobre sustentabilidade e responsabilidade social. Consumidores estão cada vez mais exigentes quanto às práticas éticas das empresas, o que abre espaço para aquelas que adotam políticas sustentáveis e transparentes. Marcas que investem em produtos ecológicos ou em iniciativas sociais tendem a se destacar no mercado, atraindo um público fiel disposto a pagar mais por essas características.

No entanto, as ameaças também são significativas. A concorrência acirrada é uma realidade constante; novas empresas entram no mercado com inovações disruptivas que podem desestabilizar players estabelecidos. Além disso, questões econômicas globais, como inflação e instabilidade política, podem afetar tanto o poder de compra dos consumidores quanto os custos operacionais das empresas.

Por fim, as mudanças nas regulamentações governamentais também representam uma ameaça potencial. Empresas precisam estar atentas às legislações ambientais e trabalhistas em constante evolução para evitar penalizações e garantir sua operação dentro da legalidade.

Portanto, realizar uma análise detalhada das oportunidades e ameaças permite às organizações não apenas identificar áreas promissoras para investimento mas também desenvolver estratégias robustas para mitigar riscos associados ao ambiente externo.

6.3 Aplicação da análise SWOT com suporte da IA

A aplicação da análise SWOT com o suporte da inteligência artificial (IA) representa uma evolução significativa na forma como as empresas podem abordar suas estratégias de negócios. A integração de ferramentas de IA permite que as organizações não apenas realizem análises mais profundas, mas também obtenham insights em tempo real sobre seu ambiente interno e externo.

Um dos principais benefícios do uso da IA na análise SWOT é a capacidade de processar grandes volumes de dados rapidamente. Por exemplo, algoritmos de aprendizado de máquina podem analisar tendências de mercado, comportamento do consumidor e dados financeiros para identificar forças e fraquezas que poderiam passar despercebidas em uma análise manual. Isso proporciona uma visão mais abrangente e precisa das capacidades internas da empresa.

Além disso, a IA pode ajudar na identificação de oportunidades e ameaças no mercado. Ferramentas analíticas baseadas em IA podem monitorar continuamente o ambiente competitivo, analisando informações sobre concorrentes, mudanças nas preferências dos consumidores e novas regulamentações. Essa vigilância constante permite que as empresas se adaptem rapidamente às mudanças do mercado, ajustando suas estratégias conforme necessário.

Outro aspecto importante é a personalização das análises. Com a ajuda da IA, as empresas podem criar cenários simulados que consideram diferentes variáveis externas e internas. Isso possibilita a visualização dos impactos potenciais de decisões estratégicas antes mesmo de serem implementadas. Por exemplo, uma empresa pode usar modelos preditivos para avaliar como uma nova linha de produtos poderia afetar sua posição no mercado ou como alterações nas políticas governamentais poderiam impactar suas operações.

Por fim, a colaboração entre equipes também é aprimorada com o uso da IA na análise SWOT. Plataformas colaborativas equipadas com recursos inteligentes permitem que diferentes departamentos compartilhem insights e dados relevantes em tempo real, promovendo um entendimento mais coeso das forças e fraquezas organizacionais. Essa abordagem integrada não só melhora a qualidade das decisões estratégicas como também fortalece o alinhamento entre os objetivos corporativos.

7
Planejamento Estratégico e Tático

7.1 Importância do planejamento em empresas modernas

O planejamento é um dos pilares fundamentais para o sucesso das empresas contemporâneas, especialmente em um ambiente de negócios cada vez mais dinâmico e competitivo. A capacidade de antecipar tendências, identificar oportunidades e mitigar riscos é crucial para a sustentabilidade e crescimento organizacional. Em um mundo onde a tecnologia avança rapidamente, o planejamento estratégico se torna ainda mais relevante, pois permite que as empresas se adaptem às mudanças e permaneçam relevantes no mercado.

A importância do planejamento reside na sua função de proporcionar uma visão clara dos objetivos da empresa e das estratégias necessárias para alcançá-los. Isso não apenas alinha os esforços de todos os colaboradores, mas também facilita a tomada de decisões informadas. Por exemplo, ao utilizar ferramentas analíticas avançadas, como softwares de gestão que incorporam inteligência artificial, as empresas podem prever demandas futuras com maior precisão, ajustando seus estoques e operações logísticas conforme necessário.

Além disso, o planejamento eficaz ajuda a identificar pontos fortes e fracos dentro da organização. Ao realizar uma análise SWOT (Forças, Fraquezas, Oportunidades e Ameaças), as empresas podem desenvolver estratégias que maximizem suas vantagens competitivas enquanto minimizam os impactos negativos das fraquezas identificadas. Essa abordagem proativa é essencial em tempos de incerteza econômica ou mudanças abruptas no comportamento do consumidor.

Outro aspecto importante do planejamento é a sua contribuição para a inovação. Empresas que investem tempo na elaboração de planos estratégicos tendem a ser mais criativas na busca por soluções inovadoras para problemas existentes. O uso da inteligência artificial pode facilitar esse processo ao fornecer insights baseados em dados que ajudam as equipes a pensar fora da caixa e explorar novas possibilidades.

ele deve ser um processo contínuo que envolve revisões regulares e ajustes conforme necessário. As organizações que adotam essa mentalidade são mais ágeis e capazes de responder rapidamente às mudanças do mercado, garantindo assim sua relevância no futuro.

Por fim, o planejamento não deve ser visto como um evento isolado; ele deve ser um processo contínuo que envolve revisões regulares e ajustes conforme necessário. As organizações que adotam essa mentalidade são mais ágeis e capazes de responder rapidamente às mudanças do mercado, garantindo assim sua relevância no futuro.

7.2 Exemplos práticos de planos estratégicos

Os planos estratégicos são fundamentais para guiar as organizações em direção aos seus objetivos de longo prazo. A seguir, apresentamos exemplos práticos que ilustram como diferentes empresas implementaram estratégias eficazes para alcançar o sucesso.

Um exemplo notável é a **Apple Inc.**, que utiliza um plano estratégico focado na inovação contínua e na experiência do cliente. A empresa investe pesadamente em pesquisa e desenvolvimento, resultando em produtos icônicos como o iPhone e o iPad. Além disso, a Apple mantém uma forte identidade de marca, promovendo um ecossistema integrado que fideliza os consumidores. Essa abordagem não apenas garante uma vantagem competitiva, mas também permite à Apple se adaptar rapidamente às mudanças nas preferências dos consumidores.

Outro caso interessante é o da **Nike**, que implementou um plano estratégico centrado na sustentabilidade e no marketing digital. A Nike lançou a iniciativa "Move to Zero", visando reduzir seu impacto ambiental ao longo de toda a cadeia produtiva. Ao mesmo tempo, a marca investiu em campanhas digitais personalizadas que utilizam dados analíticos para segmentar seu público-alvo com precisão. Essa combinação de responsabilidade social e inovação digital não só fortaleceu sua imagem corporativa, mas também aumentou suas vendas significativamente.

A **Netflix** exemplifica uma estratégia voltada para a adaptação ao mercado e à diversificação de conteúdo. Inicialmente focada em aluguel de DVDs, a Netflix pivotou para streaming e produção original, como as séries "Stranger Things" e "The Crown". Esse movimento não apenas expandiu sua base de assinantes globalmente, mas também posicionou a empresa como líder no setor de entretenimento digital. O uso intensivo de dados para entender as preferências dos usuários tem sido crucial nessa transformação.

Esses exemplos demonstram que planos estratégicos bem elaborados são essenciais para navegar em ambientes competitivos complexos. As empresas que conseguem alinhar suas operações com suas visões estratégicas tendem a ser mais resilientes e inovadoras diante das mudanças do mercado.

7.2 Exemplos práticos de planos estratégicos

Os planos estratégicos são fundamentais para guiar as organizações em direção aos seus objetivos de longo prazo. A seguir, apresentamos exemplos práticos que ilustram como diferentes empresas implementaram estratégias eficazes para alcançar o sucesso.

Um exemplo notável é a **Apple Inc.**, que utiliza um plano estratégico focado na inovação contínua e na experiência do cliente. A empresa investe pesadamente em pesquisa e desenvolvimento, resultando em produtos icônicos como o iPhone e o iPad. Além disso, a Apple mantém uma forte identidade de marca, promovendo um ecossistema integrado que fideliza os consumidores. Essa abordagem não apenas garante uma vantagem competitiva, mas também permite à Apple se adaptar rapidamente às mudanças nas preferências dos consumidores.

Outro caso interessante é o da **Nike**, que implementou um plano estratégico centrado na sustentabilidade e no marketing digital. A Nike lançou a iniciativa "Move to Zero", visando reduzir seu impacto ambiental ao longo de toda a cadeia produtiva. Ao mesmo tempo, a marca investiu em campanhas digitais personalizadas que utilizam dados analíticos para segmentar seu público-alvo com precisão. Essa combinação de responsabilidade social e inovação digital não só fortaleceu sua imagem corporativa, mas também aumentou suas vendas significativamente.

A **Netflix** exemplifica uma estratégia voltada para a adaptação ao mercado e à diversificação de conteúdo. Inicialmente focada em aluguel de DVDs, a Netflix pivotou para streaming e produção original, como as séries "Stranger Things" e "The Crown". Esse movimento não apenas expandiu sua base de assinantes globalmente, mas também posicionou a empresa como líder no setor de entretenimento digital. O uso intensivo de dados para entender as preferências dos usuários tem sido crucial nessa transformação.

Esses exemplos demonstram que planos estratégicos bem elaborados são essenciais para navegar em ambientes competitivos complexos. As empresas que conseguem alinhar suas operações com suas visões estratégicas tendem a ser mais resilientes e inovadoras diante das mudanças do mercado.

7.3 Uso da inteligência artificial no planejamento

A inteligência artificial (IA) tem se tornado uma ferramenta essencial no planejamento estratégico e tático das organizações, permitindo uma análise mais profunda e precisa dos dados disponíveis. A capacidade da IA de processar grandes volumes de informações em tempo real transforma a maneira como as empresas formulam suas estratégias, tornando-as mais ágeis e adaptáveis às mudanças do mercado.

Um dos principais benefícios do uso da IA no planejamento é a sua habilidade de prever tendências e comportamentos futuros. Por meio de algoritmos avançados de aprendizado de máquina, as empresas podem analisar padrões históricos e identificar correlações que não seriam facilmente percebidas por análises tradicionais. Por exemplo, varejistas como a **Walmart** utilizam IA para otimizar seus estoques, prevendo quais produtos terão maior demanda em diferentes períodos do ano, o que resulta em uma gestão mais eficiente e redução de custos.

Além disso, a IA pode ser utilizada para segmentar o público-alvo com maior precisão. Ferramentas analíticas alimentadas por IA permitem que as empresas entendam melhor as preferências dos consumidores, possibilitando campanhas de marketing personalizadas que aumentam a taxa de conversão. Um exemplo notável é o uso da IA pela **Amazon**, que recomenda produtos com base no histórico de compras e navegação dos usuários, criando uma experiência personalizada que impulsiona vendas adicionais.

A integração da IA também facilita a simulação de cenários diversos durante o processo de planejamento. As organizações podem modelar diferentes estratégias e avaliar os resultados potenciais antes da implementação real. Isso não apenas minimiza riscos, mas também permite um alinhamento mais eficaz entre os objetivos estratégicos e as operações diárias. Empresas como a **Tesla** utilizam simulações baseadas em IA para testar novas funcionalidades em seus veículos antes do lançamento ao público.

Por fim, o uso da inteligência artificial no planejamento não se limita apenas à análise preditiva; ela também promove um ambiente colaborativo onde equipes podem compartilhar insights gerados por dados em tempo real. Essa colaboração é fundamental para garantir que todos os níveis da organização estejam alinhados com os objetivos estratégicos definidos.

8
Gestão do Capital Humano

8.1 Desafios na gestão de pessoas nas organizações

A gestão de pessoas é um dos pilares fundamentais para o sucesso organizacional, e os desafios enfrentados nesse campo são variados e complexos. Com a evolução do mercado de trabalho e as mudanças nas expectativas dos colaboradores, as organizações precisam se adaptar constantemente para manter um ambiente produtivo e motivador. Um dos principais desafios é a retenção de talentos, que se torna cada vez mais difícil em um cenário onde profissionais qualificados têm diversas opções disponíveis.

Outro aspecto crítico é a diversidade no local de trabalho. As empresas estão cada vez mais reconhecendo a importância de ter equipes diversificadas, mas isso também traz à tona questões relacionadas à inclusão e ao preconceito. Criar uma cultura organizacional que valorize a diversidade requer esforços contínuos em treinamento e conscientização, além da implementação de políticas que promovam um ambiente acolhedor para todos os colaboradores.

A comunicação interna é outro desafio significativo. Muitas vezes, as informações não fluem adequadamente entre diferentes níveis hierárquicos ou departamentos, resultando em mal-entendidos e desmotivação. Para mitigar esse problema, as organizações devem investir em ferramentas tecnológicas que facilitem a comunicação e promovam uma cultura de transparência.

Além disso, o gerenciamento do desempenho dos colaboradores pode ser complicado. Avaliações tradicionais muitas vezes não refletem com precisão o desempenho real ou as contribuições individuais. A adoção de métodos mais dinâmicos e contínuos para feedback pode ajudar a alinhar expectativas e melhorar o engajamento dos funcionários.

Por fim, a adaptação às novas tecnologias também representa um desafio considerável na gestão do capital humano. A inteligência artificial está transformando processos como recrutamento, treinamento e avaliação de desempenho. No entanto, é essencial que os gestores estejam preparados para integrar essas tecnologias sem perder o toque humano necessário nas interações diárias com seus colaboradores.

8.2 Motivação e engajamento dos colaboradores

A motivação e o engajamento dos colaboradores são elementos cruciais para a eficácia organizacional, influenciando diretamente a produtividade, a qualidade do trabalho e a retenção de talentos. Em um ambiente de trabalho em constante mudança, onde as expectativas dos funcionários evoluem rapidamente, as empresas precisam adotar estratégias inovadoras para cultivar um clima motivador que promova o comprometimento.

Um aspecto fundamental da motivação é o reconhecimento. Colaboradores que se sentem valorizados tendem a ser mais engajados e produtivos. Programas de reconhecimento podem variar desde simples agradecimentos até premiações formais por desempenho excepcional. Por exemplo, empresas como Google implementam sistemas de feedback contínuo que não apenas reconhecem os esforços individuais, mas também incentivam uma cultura de colaboração e apoio mútuo entre equipes.

Além disso, a autonomia no trabalho é um fator significativo para aumentar o engajamento. Quando os colaboradores têm liberdade para tomar decisões sobre suas tarefas e projetos, eles se sentem mais responsáveis pelo resultado final. Isso pode ser observado em organizações que adotam metodologias ágeis, onde equipes autônomas gerenciam seu próprio fluxo de trabalho e são encorajadas a experimentar novas abordagens.

A comunicação aberta também desempenha um papel vital na motivação dos colaboradores. Ambientes onde os funcionários se sentem à vontade para expressar suas ideias e preocupações tendem a ter níveis mais altos de satisfação no trabalho. A implementação de reuniões regulares de feedback e fóruns abertos pode ajudar a criar essa cultura comunicativa, permitindo que todos se sintam ouvidos e valorizados.

Por fim, investir no desenvolvimento profissional é uma estratégia eficaz para manter os colaboradores motivados. Oferecer oportunidades de treinamento e crescimento não só melhora as habilidades da equipe como também demonstra que a organização está comprometida com o futuro deles. Programas de mentoria ou acesso a cursos online são exemplos práticos que podem ser implementados para fomentar esse desenvolvimento contínuo.

8.3 Soluções tecnológicas para gestão do capital humano

A gestão do capital humano tem se transformado significativamente com a introdução de soluções tecnológicas que visam otimizar processos, aumentar a eficiência e melhorar a experiência dos colaboradores. Essas ferramentas não apenas facilitam o gerenciamento de talentos, mas também promovem um ambiente de trabalho mais colaborativo e engajado.

Uma das inovações mais impactantes é o uso de sistemas de Gestão de Recursos Humanos (HRM) baseados em nuvem. Esses sistemas permitem que as empresas centralizem informações sobre seus colaboradores, desde dados pessoais até histórico de desempenho e desenvolvimento profissional. Com acesso em tempo real, gestores podem tomar decisões informadas sobre recrutamento, promoções e treinamentos, além de facilitar a comunicação entre equipes.

Outra solução tecnológica relevante são as plataformas de aprendizado online (e-learning), que oferecem cursos e treinamentos personalizados para os colaboradores. Essas plataformas não só atendem às necessidades individuais dos funcionários como também ajudam as organizações a desenvolver competências específicas alinhadas aos objetivos estratégicos da empresa. Por exemplo, empresas como Coursera for Business e LinkedIn Learning têm se destacado por oferecer uma vasta gama de cursos que podem ser integrados ao plano de desenvolvimento profissional dos colaboradores.

A análise preditiva é outra ferramenta poderosa na gestão do capital humano. Utilizando dados históricos e algoritmos avançados, as empresas podem prever tendências relacionadas à rotatividade de funcionários, identificar fatores que influenciam o engajamento e até mesmo antecipar necessidades futuras de treinamento. Isso permite uma abordagem proativa na retenção de talentos e no planejamento estratégico da força de trabalho.

Além disso, soluções como aplicativos móveis para feedback contínuo têm ganhado popularidade nas organizações modernas. Esses aplicativos permitem que os colaboradores compartilhem suas opiniões sobre o ambiente de trabalho em tempo real, promovendo uma cultura organizacional mais aberta e responsiva às necessidades dos funcionários. A implementação dessas tecnologias não só melhora a comunicação interna como também fortalece o vínculo entre os colaboradores e a empresa.

da organização. A tecnologia sozinha não resolve problemas; ela deve ser integrada a práticas eficazes de gestão para realmente transformar a experiência do colaborador e maximizar o potencial do capital humano.

Por fim, é importante destacar que a adoção dessas soluções tecnológicas deve ser acompanhada por uma mudança cultural dentro da organização. A tecnologia sozinha não resolve problemas; ela deve ser integrada a práticas eficazes de gestão para realmente transformar a experiência do colaborador e maximizar o potencial do capital humano.

9
Liderança Organizacional

9.1 Tipos de liderança dentro das empresas

A liderança é um dos pilares fundamentais para o sucesso organizacional, influenciando diretamente a motivação, o desempenho e a cultura da empresa. Compreender os diferentes tipos de liderança que podem ser aplicados nas organizações é crucial para que gestores possam adotar abordagens adequadas às suas equipes e contextos específicos.

Um dos modelos mais conhecidos é a **liderança autocrática**, onde o líder toma decisões unilaterais e espera que os colaboradores sigam suas diretrizes sem questionamentos. Esse estilo pode ser eficaz em situações de crise, onde decisões rápidas são necessárias, mas pode gerar desmotivação e resistência entre os funcionários a longo prazo.

Em contrapartida, a **liderança democrática** envolve os membros da equipe no processo decisório. Os líderes que adotam esse estilo buscam opiniões e feedbacks antes de tomar decisões, promovendo um ambiente colaborativo. Essa abordagem tende a aumentar o engajamento dos colaboradores e melhorar a satisfação no trabalho.

A **liderança transformacional** se destaca por inspirar e motivar os colaboradores através de uma visão compartilhada. Líderes transformacionais são conhecidos por seu carisma e capacidade de fomentar mudanças positivas na organização, incentivando inovações e desenvolvimento pessoal entre seus liderados.

No espectro oposto, encontramos a **liderança transacional**, que se baseia em recompensas e punições como forma de motivação. Este modelo é eficaz em ambientes onde as tarefas são bem definidas e as expectativas claras, mas pode não promover um alto nível de criatividade ou inovação.

A **liderança situacional**, por sua vez, sugere que não existe um único estilo ideal; ao invés disso, o líder deve adaptar seu comportamento conforme as circunstâncias e as necessidades da equipe. Essa flexibilidade permite uma resposta mais adequada aos desafios enfrentados pela organização.

com seus objetivos organizacionais e com as características da equipe. A escolha do estilo adequado pode ser determinante para criar um ambiente produtivo e harmonioso dentro da empresa.

Cada tipo de liderança possui suas vantagens e desvantagens, sendo essencial que os gestores avaliem qual abordagem se alinha melhor com seus objetivos organizacionais e com as características da equipe. A escolha do estilo adequado pode ser determinante para criar um ambiente produtivo e harmonioso dentro da empresa.

9.2 Dificuldades enfrentadas por líderes modernos

A liderança moderna enfrenta uma série de desafios que refletem as mudanças rápidas no ambiente de trabalho, nas expectativas dos colaboradores e nas dinâmicas sociais. Esses obstáculos não apenas testam a resiliência dos líderes, mas também exigem habilidades adaptativas para navegar em um cenário em constante evolução.

Um dos principais desafios é a **gestão da diversidade**. Com equipes cada vez mais heterogêneas, os líderes precisam ser capazes de integrar diferentes culturas, gerações e estilos de trabalho. Isso requer uma sensibilidade cultural aguçada e a capacidade de promover um ambiente inclusivo onde todos se sintam valorizados. A falta dessa habilidade pode levar a conflitos internos e à diminuição do engajamento.

Outro aspecto crítico é o **equilíbrio entre vida profissional e pessoal**. Em um mundo onde o trabalho remoto se tornou comum, muitos colaboradores enfrentam dificuldades em separar suas responsabilidades profissionais das pessoais. Os líderes devem ser proativos em estabelecer limites claros e oferecer suporte para que suas equipes mantenham esse equilíbrio saudável, evitando o burnout e promovendo bem-estar.

A **tecnologia** também apresenta um desafio significativo. A rápida evolução das ferramentas digitais exige que os líderes estejam sempre atualizados sobre novas plataformas e métodos de comunicação. Além disso, eles devem gerenciar a resistência à mudança entre os membros da equipe que podem estar relutantes em adotar novas tecnologias ou processos.

Por fim, a **comunicação eficaz** é fundamental para superar as dificuldades contemporâneas. Em ambientes híbridos ou remotos, manter uma comunicação clara e transparente torna-se ainda mais desafiador. Os líderes precisam desenvolver estratégias para garantir que todos os membros da equipe estejam alinhados com os objetivos organizacionais e se sintam parte do processo decisório.

Diante desses desafios, é essencial que os líderes modernos adotem uma abordagem flexível e inovadora na sua prática diária. Investir no desenvolvimento contínuo de habilidades interpessoais e técnicas pode fazer toda a diferença na eficácia da liderança contemporânea.

9.3 Desenvolvimento das habilidades de liderança com IA

No contexto atual, o desenvolvimento das habilidades de liderança é cada vez mais influenciado pela inteligência artificial (IA). A capacidade de um líder em se adaptar e utilizar ferramentas tecnológicas pode ser um diferencial significativo na eficácia da gestão. A IA não apenas automatiza processos, mas também oferece insights valiosos que podem aprimorar a tomada de decisões e a comunicação dentro das equipes.

Um dos principais benefícios da IA no desenvolvimento de líderes é a **personalização do aprendizado**. Plataformas baseadas em IA podem analisar o desempenho individual e as preferências de aprendizado dos líderes, criando programas personalizados que atendem às suas necessidades específicas. Isso permite que os líderes desenvolvam competências essenciais, como empatia, comunicação e resolução de conflitos, em um ritmo que se adapta ao seu estilo pessoal.

A **análise preditiva** é outra área onde a IA pode impactar positivamente as habilidades de liderança. Ao analisar dados históricos sobre desempenho da equipe e tendências do mercado, os líderes podem prever desafios futuros e preparar estratégias adequadas. Essa abordagem proativa não só melhora a eficiência operacional, mas também fortalece a confiança da equipe na capacidade do líder em guiá-los através de incertezas.

A utilização da IA também facilita uma **comunicação mais eficaz**. Ferramentas alimentadas por IA podem ajudar os líderes a entender melhor as dinâmicas da equipe, identificando padrões nas interações e fornecendo feedback em tempo real. Isso permite que os líderes ajustem sua abordagem comunicativa para atender às necessidades emocionais e profissionais dos membros da equipe, promovendo um ambiente colaborativo mais saudável.

Por fim, o uso ético da IA deve ser uma prioridade no desenvolvimento das habilidades de liderança. Os líderes devem estar cientes dos riscos associados à privacidade dos dados e à transparência nos processos decisórios mediados por tecnologia. Um líder consciente dessas questões não apenas promove uma cultura organizacional ética, mas também inspira confiança entre seus colaboradores.

10 Rescisão Contratual

10.1 Modelos para rescisão contratual

A rescisão contratual é um tema de grande relevância no contexto da gestão empresarial, pois envolve a finalização de um vínculo que pode ter implicações significativas tanto para empregadores quanto para empregados. A forma como essa rescisão é conduzida pode impactar diretamente a reputação da empresa, o clima organizacional e até mesmo questões legais. Portanto, é essencial que as organizações tenham modelos claros e bem definidos para a rescisão de contratos, seja por justa causa ou sem justa causa.

Os modelos de rescisão podem ser classificados em duas categorias principais: **rescisão sem justa causa** e **rescisão com justa causa**. A primeira ocorre quando o empregador decide encerrar o contrato sem que haja uma razão específica prevista na legislação trabalhista. Nesse caso, o trabalhador tem direito a receber verbas rescisórias como aviso prévio, férias proporcionais e 13° salário proporcional. Um modelo típico para essa situação deve incluir informações sobre os valores a serem pagos e as datas correspondentes.

Por outro lado, a **rescisão com justa causa** acontece quando há uma falta grave cometida pelo empregado, como desídia ou violação de normas internas. Neste cenário, o trabalhador não recebe as mesmas verbas rescisórias que teria direito em uma demissão sem justa causa. É crucial que o modelo utilizado neste caso contenha uma descrição detalhada das razões que justificam a demissão por justa causa, além de evidências documentais que sustentem essa decisão.

A adoção de modelos padronizados não apenas facilita o processo de desligamento mas também minimiza riscos jurídicos. As empresas devem estar atentas às legislações vigentes e às melhores práticas do mercado ao elaborar esses documentos. Além disso, recomenda-se que os gestores sejam treinados para conduzir essas situações com empatia e clareza, garantindo que todos os direitos dos trabalhadores sejam respeitados durante todo o processo.

Em suma, ter modelos eficazes para a rescisão contratual é fundamental para assegurar uma gestão responsável e ética nas relações trabalhistas dentro das organizações.

10.2 Justa causa vs sem justa causa

A distinção entre rescisão contratual por justa causa e sem justa causa é fundamental para a compreensão das relações trabalhistas e suas implicações legais. A rescisão por justa causa ocorre quando o empregado comete uma falta grave, que pode ser caracterizada por ações como desídia, insubordinação ou violação de normas internas da empresa. Nesse caso, o empregador tem o direito de rescindir o contrato sem a necessidade de pagar as verbas rescisórias habituais, como aviso prévio e multa do FGTS.

Por outro lado, a rescisão sem justa causa se dá quando não há um motivo específico que justifique a demissão do empregado. Nessa situação, o trabalhador tem direito a receber todas as verbas rescisórias previstas na legislação, incluindo aviso prévio, férias proporcionais e 13° salário proporcional. Essa modalidade é mais comum em situações onde a empresa precisa reduzir custos ou reestruturar sua equipe, mas não possui motivos concretos para justificar uma demissão por justa causa.

É importante ressaltar que a escolha entre uma modalidade e outra deve ser feita com cautela. A demissão por justa causa exige que o empregador tenha provas documentais robustas que sustentem sua decisão. Caso contrário, ele pode enfrentar ações judiciais que questionem a validade da rescisão. Por exemplo, se um funcionário for demitido sob alegações de desídia sem evidências claras de seu desempenho insatisfatório, isso pode resultar em uma condenação judicial ao pagamento das verbas rescisórias.

Além disso, as consequências emocionais e psicológicas da demissão também devem ser consideradas. Uma demissão sem justa causa tende a ser menos traumática para os empregados e pode preservar um clima organizacional mais saudável. Em contrapartida, uma demissão por justa causa pode gerar ressentimento e desconfiança entre os colaboradores restantes.

Portanto, entender as nuances entre essas duas formas de rescisão contratual é crucial para gestores e profissionais de recursos humanos. A adoção de práticas transparentes e éticas na condução desses processos não apenas protege os direitos dos trabalhadores como também fortalece a reputação da empresa no mercado.

10.3 Aspectos legais envolvidos na rescisão

A rescisão contratual, seja por justa causa ou sem justa causa, envolve uma série de aspectos legais que devem ser cuidadosamente considerados para evitar litígios e garantir a conformidade com a legislação trabalhista. Um dos principais aspectos é a necessidade de documentação adequada que comprove as razões da rescisão, especialmente no caso de demissão por justa causa. A falta de provas pode levar o empregador a enfrentar ações judiciais e a ser obrigado a pagar as verbas rescisórias ao empregado.

Além disso, é fundamental observar os prazos legais estabelecidos pela Consolidação das Leis do Trabalho (CLT). O não cumprimento desses prazos pode resultar em penalidades para o empregador. Por exemplo, o aviso prévio deve ser comunicado ao empregado com antecedência mínima de 30 dias, salvo em situações específicas onde se aplica a dispensa imediata. O descumprimento dessa norma pode gerar indenização ao trabalhador.

Outro aspecto relevante diz respeito às verbas rescisórias. Na rescisão sem justa causa, o trabalhador tem direito a receber valores como férias proporcionais, 13º salário proporcional e multa do FGTS. Já na demissão por justa causa, essas verbas não são devidas. Portanto, é essencial que o empregador tenha clareza sobre quais valores devem ser pagos em cada situação para evitar complicações futuras.

A legislação também prevê direitos específicos para categorias profissionais regulamentadas por convenções coletivas ou acordos sindicais. Nesses casos, as cláusulas podem estabelecer condições mais favoráveis aos trabalhadores em relação à rescisão contratual. Assim sendo, é imprescindível que os gestores estejam atentos às normas coletivas aplicáveis à sua categoria.

Por fim, vale destacar que as consequências emocionais e sociais da rescisão contratual não devem ser subestimadas. Uma demissão mal conduzida pode afetar não apenas o colaborador desligado mas também o clima organizacional como um todo. Portanto, agir com transparência e ética durante todo o processo é crucial para preservar a reputação da empresa e manter um ambiente de trabalho saudável.

11
Previdência Privada e INSS

11.1 Melhores práticas para pagamento do INSS

O pagamento do INSS (Instituto Nacional do Seguro Social) é uma obrigação fundamental para trabalhadores e empregadores no Brasil, pois garante acesso a benefícios como aposentadoria, auxílio-doença e pensão por morte. Para assegurar que esse processo seja realizado de forma eficiente e sem complicações, é essencial adotar algumas melhores práticas.

Primeiramente, é crucial manter um controle rigoroso das datas de vencimento das contribuições. O não pagamento ou atraso pode resultar em multas e juros, além de comprometer o acesso aos benefícios previdenciários. Utilizar ferramentas digitais, como calendários eletrônicos ou aplicativos de gestão financeira, pode ajudar a lembrar os prazos importantes.

Além disso, é recomendável que os trabalhadores verifiquem regularmente seus extratos de contribuições no site da Previdência Social. Isso permite identificar possíveis inconsistências ou falhas nos registros que podem afetar o cálculo dos benefícios futuros. Caso sejam encontradas divergências, é importante entrar em contato com a Previdência para corrigir as informações o quanto antes.

A escolha da categoria de contribuição também deve ser feita com atenção. Os trabalhadores autônomos têm opções diferentes de alíquotas e faixas de renda que impactam diretamente no valor das contribuições e nos benefícios recebidos. Portanto, entender as implicações financeiras de cada categoria pode otimizar tanto o investimento quanto os retornos na aposentadoria.

Outra prática recomendada é a utilização do sistema de pagamento eletrônico disponibilizado pela Receita Federal. Esse método não apenas facilita o processo como também proporciona maior segurança nas transações financeiras. Além disso, ao optar pelo débito automático, os trabalhadores garantem que suas contribuições sejam pagas pontualmente sem necessidade de intervenção manual.

notícias relacionadas à Previdência Social e participar de cursos ou palestras sobre o tema pode proporcionar um entendimento mais profundo sobre direitos e deveres relacionados ao INSS.

Por fim, educar-se sobre as mudanças na legislação previdenciária é vital para evitar surpresas desagradáveis no futuro. Acompanhar notícias relacionadas à Previdência Social e participar de cursos ou palestras sobre o tema pode proporcionar um entendimento mais profundo sobre direitos e deveres relacionados ao INSS.

11.2 Diferenças entre VGBL e GBL

A previdência privada é uma alternativa importante para quem busca complementar a aposentadoria oferecida pelo INSS. Dentro desse contexto, dois produtos se destacam: o VGBL (Vida Gerador de Benefício Livre) e o GBL (Gerador de Benefício Livre). Embora ambos sejam utilizados para acumulação de recursos visando à aposentadoria, existem diferenças significativas que podem impactar a escolha do investidor.

Uma das principais distinções entre VGBL e GBL está relacionada à tributação. O VGBL é indicado para aqueles que não fazem a declaração completa do Imposto de Renda, pois permite que o imposto seja cobrado apenas sobre os rendimentos no momento do resgate. Por outro lado, no GBL, o imposto incide sobre o valor total resgatado, incluindo as contribuições feitas ao longo do tempo. Essa diferença pode ser crucial na hora de decidir qual produto escolher, dependendo da situação fiscal do investidor.

Outra diferença relevante diz respeito à destinação dos recursos em caso de falecimento do titular. No VGBL, os beneficiários recebem o montante acumulado sem a necessidade de passar pelo inventário, já que se trata de um seguro de vida. Isso proporciona maior agilidade e segurança financeira aos dependentes. Em contrapartida, no GBL, os valores são considerados parte da herança e estão sujeitos às regras normais de sucessão patrimonial.

Além disso, vale destacar que o VGBL possui uma característica mais voltada para proteção familiar devido à sua natureza de seguro. Isso significa que ele pode oferecer um suporte financeiro em caso de imprevistos com o titular da conta. Já o GBL é mais focado na acumulação pura e simples dos recursos ao longo do tempo.

Por fim, a escolha entre VGBL e GBL deve levar em consideração não apenas as questões tributárias e sucessórias, mas também os objetivos financeiros pessoais e a situação familiar do investidor. Uma análise cuidadosa dessas variáveis pode garantir uma decisão mais acertada na construção da aposentadoria desejada.

11.3 Complementação da renda através da previdência privada

A complementação da renda por meio da previdência privada é uma estratégia cada vez mais adotada por brasileiros que buscam garantir um futuro financeiro mais seguro e confortável. Com as incertezas em relação ao INSS e a expectativa de vida crescente, muitos se veem na necessidade de diversificar suas fontes de renda para a aposentadoria. A previdência privada surge como uma solução viável, permitindo que os indivíduos acumulem recursos ao longo do tempo, adaptando-se às suas necessidades financeiras específicas.

Um dos principais atrativos da previdência privada é a flexibilidade que ela oferece. Os planos podem ser personalizados conforme o perfil do investidor, seja ele conservador ou arrojado. Isso significa que é possível escolher entre diferentes tipos de investimentos dentro do plano, como ações, títulos públicos ou fundos imobiliários, possibilitando uma gestão ativa do patrimônio acumulado. Essa personalização permite que o investidor alinhe seus objetivos financeiros com sua tolerância ao risco.

Além disso, a previdência privada pode proporcionar benefícios fiscais significativos. Contribuições feitas para planos de previdência podem ser deduzidas na declaração do Imposto de Renda até um limite estabelecido pela legislação vigente. Essa vantagem tributária não apenas reduz a carga fiscal no presente, mas também potencializa o crescimento do capital investido ao longo dos anos. Assim, o planejamento tributário se torna um componente essencial na escolha desse tipo de investimento.

Outro aspecto relevante é a possibilidade de resgates programados ou recebimento de renda mensal após a aposentadoria. Isso proporciona maior segurança financeira aos beneficiários, permitindo que planejem suas despesas com mais precisão e evitem surpresas desagradáveis durante os anos em que dependerão dessa fonte de renda. Além disso, muitos planos oferecem opções de portabilidade, permitindo ao investidor transferir seu saldo para outro plano sem perder os benefícios acumulados.

Por fim, é importante ressaltar que a educação financeira desempenha um papel crucial nesse processo. O conhecimento sobre as diversas modalidades disponíveis e suas características ajuda o investidor a tomar decisões informadas e alinhadas aos seus objetivos pessoais e familiares. Portanto, buscar informações e orientações adequadas pode fazer toda a diferença na hora de escolher um plano de previdência privada como forma eficaz de complementar a renda na aposentadoria.

12

Tecnologia em Recursos Humanos

12.1 Softwares para gestão de recursos humanos

A gestão de recursos humanos (RH) é uma área crucial dentro das organizações, e a adoção de softwares especializados tem se mostrado uma estratégia eficaz para otimizar processos e melhorar a eficiência. Esses sistemas não apenas facilitam o gerenciamento de informações dos colaboradores, mas também oferecem ferramentas que ajudam na tomada de decisões estratégicas, promovendo um ambiente de trabalho mais produtivo e engajado.

Os softwares para gestão de RH podem ser categorizados em diversas funcionalidades, como recrutamento e seleção, treinamento e desenvolvimento, avaliação de desempenho e administração de folha de pagamento. Cada um desses módulos desempenha um papel vital na construção de uma equipe coesa e alinhada com os objetivos da empresa.

- **Recrutamento e Seleção:** Ferramentas que automatizam o processo seletivo, desde a triagem inicial até a contratação final. Softwares como o Gupy ou Kenoby utilizam inteligência artificial para analisar currículos e identificar candidatos com maior potencial.
- **Treinamento e Desenvolvimento:** Plataformas como o Moodle ou Totara Learning permitem que as empresas ofereçam cursos online personalizados, monitorando o progresso dos colaboradores e garantindo que as habilidades necessárias sejam desenvolvidas continuamente.
- **Avaliação de Desempenho:** Sistemas como o Performly possibilitam avaliações regulares do desempenho dos funcionários, permitindo feedbacks constantes que são essenciais para o crescimento profissional.
- **Folha de Pagamento:** Softwares como o ADP ou Folhamatic simplificam a administração da folha salarial, assegurando conformidade com as legislações trabalhistas vigentes.

A gestão de recursos humanos (RH) é uma área crucial dentro das organizações, e a adoção de softwares especializados tem se mostrado uma estratégia eficaz para otimizar processos e melhorar a eficiência. Esses sistemas não apenas facilitam o gerenciamento de informações dos colaboradores, mas também oferecem ferramentas que ajudam na tomada de decisões estratégicas, promovendo um ambiente de trabalho mais produtivo e engajado.

Os softwares para gestão de RH podem ser categorizados em diversas funcionalidades, como recrutamento e seleção, treinamento e desenvolvimento, avaliação de desempenho e administração de folha de pagamento. Cada um desses módulos desempenha um papel vital na construção de uma equipe coesa e alinhada com os objetivos da empresa.

- **Recrutamento e Seleção:** Ferramentas que automatizam o processo seletivo, desde a triagem inicial até a contratação final. Softwares como o Gupy ou Kenoby utilizam inteligência artificial para analisar currículos e identificar candidatos com maior potencial.
- **Treinamento e Desenvolvimento:** Plataformas como o Moodle ou Totara Learning permitem que as empresas ofereçam cursos online personalizados, monitorando o progresso dos colaboradores e garantindo que as habilidades necessárias sejam desenvolvidas continuamente.
- **Avaliação de Desempenho:** Sistemas como o Performly possibilitam avaliações regulares do desempenho dos funcionários, permitindo feedbacks constantes que são essenciais para o crescimento profissional.
- **Folha de Pagamento:** Softwares como o ADP ou Folhamatic simplificam a administração da folha salarial, assegurando conformidade com as legislações trabalhistas vigentes.

proporcionar uma visão holística do capital humano da organização. Além disso, a análise preditiva alimentada por dados históricos permite que os gestores antecipem tendências comportamentais dos colaboradores, ajudando na retenção de talentos e no planejamento estratégico da força de trabalho.
No contexto atual, onde a transformação digital é imperativa, investir em tecnologia para gestão de recursos humanos não é apenas uma opção; é uma necessidade. As empresas que adotam essas soluções tendem a ter um diferencial competitivo significativo no mercado.

A integração dessas ferramentas em um único sistema pode proporcionar uma visão holística do capital humano da organização. Além disso, a análise preditiva alimentada por dados históricos permite que os gestores antecipem tendências comportamentais dos colaboradores, ajudando na retenção de talentos e no planejamento estratégico da força de trabalho.

No contexto atual, onde a transformação digital é imperativa, investir em tecnologia para gestão de recursos humanos não é apenas uma opção; é uma necessidade. As empresas que adotam essas soluções tendem a ter um diferencial competitivo significativo no mercado.

12.2 Automação em processos seletivos

A automação em processos seletivos tem se tornado uma prática essencial para as organizações que buscam eficiência e agilidade na contratação de talentos. Com o aumento da competitividade no mercado de trabalho, as empresas precisam otimizar suas estratégias de recrutamento para atrair os melhores candidatos. A implementação de tecnologias automatizadas não apenas acelera o processo, mas também melhora a qualidade das contratações.

Um dos principais benefícios da automação é a triagem inicial de currículos. Softwares como Gupy e Kenoby utilizam algoritmos avançados para analisar perfis de candidatos, filtrando aqueles que mais se alinham com os requisitos da vaga. Isso reduz significativamente o tempo gasto pelos recrutadores na análise manual, permitindo que eles se concentrem em atividades mais estratégicas, como entrevistas e avaliações comportamentais.

Além disso, a automação permite uma experiência mais personalizada para os candidatos. Plataformas modernas oferecem feedback instantâneo sobre o status da candidatura e podem até mesmo realizar entrevistas por meio de chatbots ou videoconferências automatizadas. Essa abordagem não só melhora a comunicação com os candidatos, mas também proporciona uma imagem positiva da empresa, demonstrando inovação e cuidado com a experiência do candidato.

A análise preditiva é outro aspecto importante da automação nos processos seletivos. Ao coletar dados históricos sobre contratações anteriores e desempenho dos colaboradores, as ferramentas automatizadas podem prever quais características são mais indicativas de sucesso dentro da organização. Isso ajuda os recrutadores a tomarem decisões mais informadas e alinhadas com a cultura organizacional.

No entanto, é crucial que as empresas implementem essas tecnologias com cautela. A dependência excessiva da automação pode levar à desumanização do processo seletivo, onde aspectos importantes como empatia e intuição humana são negligenciados. Portanto, um equilíbrio entre tecnologia e interação humana é fundamental para garantir que o processo seja eficaz e acolhedor tanto para os recrutadores quanto para os candidatos.

12.3 Impacto da IA na experiência do colaborador

A inteligência artificial (IA) tem se tornado uma força transformadora no ambiente de trabalho, impactando diretamente a experiência do colaborador. À medida que as empresas adotam tecnologias baseadas em IA, elas não apenas otimizam processos internos, mas também moldam a forma como os colaboradores interagem com suas funções e com a organização como um todo.

Um dos principais benefícios da implementação de IA é a personalização da experiência do colaborador. Ferramentas de IA podem analisar dados sobre o desempenho e preferências dos funcionários, permitindo que as organizações ofereçam treinamentos e oportunidades de desenvolvimento mais alinhados às necessidades individuais. Por exemplo, plataformas como LinkedIn Learning utilizam algoritmos para sugerir cursos específicos que podem ajudar os colaboradores a aprimorar suas habilidades, promovendo um crescimento profissional contínuo.

Além disso, a IA pode melhorar significativamente a comunicação interna. Chatbots e assistentes virtuais são capazes de responder perguntas frequentes sobre políticas da empresa ou benefícios, liberando o tempo das equipes de RH para se concentrarem em questões mais complexas. Essa automação não só aumenta a eficiência operacional, mas também proporciona aos colaboradores um acesso rápido à informação necessária para desempenhar suas funções com eficácia.

A análise preditiva é outro aspecto crucial que impacta positivamente a experiência do colaborador. Ao coletar e analisar dados sobre o engajamento e satisfação dos funcionários, as empresas podem identificar áreas problemáticas antes que se tornem críticas. Isso permite intervenções proativas que melhoram o clima organizacional e reduzem taxas de rotatividade.

No entanto, é fundamental abordar o uso da IA com cautela. A desumanização das interações pode ser um risco real; portanto, manter um equilíbrio entre tecnologia e interação humana é essencial. As empresas devem garantir que os colaboradores sintam-se valorizados e ouvidos em um ambiente cada vez mais automatizado. A integração da IA deve ser vista como uma ferramenta para potencializar as relações humanas dentro do local de trabalho, não como um substituto delas.

13
Inovação em Processos Empresariais

13.1 Importância da inovação contínua

A inovação contínua é um dos pilares fundamentais para a sustentabilidade e o crescimento das empresas no ambiente de negócios atual, caracterizado por rápidas mudanças tecnológicas e demandas do consumidor em constante evolução. A capacidade de inovar não se limita apenas ao desenvolvimento de novos produtos ou serviços, mas abrange também a melhoria de processos internos, modelos de negócios e estratégias de marketing. Essa abordagem holística permite que as organizações se adaptem rapidamente às novas realidades do mercado.

Um aspecto crucial da inovação contínua é sua contribuição para a competitividade. Empresas que adotam uma cultura de inovação tendem a se destacar em seus setores, pois conseguem antecipar tendências e responder proativamente às necessidades dos clientes. Por exemplo, empresas como Amazon e Apple são reconhecidas por sua incessante busca por melhorias e inovações, o que lhes garante uma posição de liderança no mercado global.

Além disso, a inovação contínua promove um ambiente organizacional mais dinâmico e motivador. Quando os colaboradores são incentivados a pensar criativamente e propor soluções inovadoras, isso não apenas aumenta o engajamento da equipe, mas também resulta em um fluxo constante de ideias que podem ser transformadas em oportunidades reais de negócio. A implementação de programas internos que fomentem essa criatividade pode levar à descoberta de novas eficiências operacionais ou até mesmo à criação de novos produtos que atendam melhor às expectativas dos consumidores.

Outro ponto importante é o papel da tecnologia na facilitação da inovação contínua. Ferramentas como inteligência artificial (IA) e análise de dados permitem que as empresas identifiquem padrões e insights valiosos sobre o comportamento do consumidor, possibilitando ajustes rápidos nas estratégias comerciais. Por exemplo, através da análise preditiva, uma empresa pode ajustar seu estoque com base nas tendências sazonais identificadas nos dados históricos.

A inovação contínua é um dos pilares fundamentais para a sustentabilidade e o crescimento das empresas no ambiente de negócios atual, caracterizado por rápidas mudanças tecnológicas e demandas do consumidor em constante evolução. A capacidade de inovar não se limita apenas ao desenvolvimento de novos produtos ou serviços, mas abrange também a melhoria de processos internos, modelos de negócios e estratégias de marketing. Essa abordagem holística permite que as organizações se adaptem rapidamente às novas realidades do mercado.

Um aspecto crucial da inovação contínua é sua contribuição para a competitividade. Empresas que adotam uma cultura de inovação tendem a se destacar em seus setores, pois conseguem antecipar tendências e responder proativamente às necessidades dos clientes. Por exemplo, empresas como Amazon e Apple são reconhecidas por sua incessante busca por melhorias e inovações, o que lhes garante uma posição de liderança no mercado global.

Além disso, a inovação contínua promove um ambiente organizacional mais dinâmico e motivador. Quando os colaboradores são incentivados a pensar criativamente e propor soluções inovadoras, isso não apenas aumenta o engajamento da equipe, mas também resulta em um fluxo constante de ideias que podem ser transformadas em oportunidades reais de negócio. A implementação de programas internos que fomentem essa criatividade pode levar à descoberta de novas eficiências operacionais ou até mesmo à criação de novos produtos que atendam melhor às expectativas dos consumidores.

Outro ponto importante é o papel da tecnologia na facilitação da inovação contínua. Ferramentas como inteligência artificial (IA) e análise de dados permitem que as empresas identifiquem padrões e insights valiosos sobre o comportamento do consumidor, possibilitando ajustes rápidos nas estratégias comerciais. Por exemplo, através da análise preditiva, uma empresa pode ajustar seu estoque com base nas tendências sazonais identificadas nos dados históricos.

que abraçam essa filosofia não apenas sobrevivem em um mercado competitivo; elas prosperam ao criar valor sustentável para seus stakeholders e se posicionar como líderes em suas indústrias.

Em suma, a importância da inovação contínua reside na sua capacidade de transformar desafios em oportunidades. As empresas que abraçam essa filosofia não apenas sobrevivem em um mercado competitivo; elas prosperam ao criar valor sustentável para seus stakeholders e se posicionar como líderes em suas indústrias.

13.2 Ferramentas tecnológicas que promovem inovação

A adoção de ferramentas tecnológicas é fundamental para impulsionar a inovação nas empresas, permitindo não apenas a otimização de processos, mas também a criação de novos modelos de negócios. No contexto atual, onde a transformação digital se tornou uma necessidade, as organizações que utilizam tecnologias avançadas conseguem se destacar e responder rapidamente às demandas do mercado.

Dentre as ferramentas mais relevantes, destacam-se as plataformas de colaboração e comunicação, como o Slack e o Microsoft Teams. Essas soluções facilitam a troca de ideias entre equipes multidisciplinares, promovendo um ambiente propício à criatividade e à inovação. A integração dessas plataformas com outras ferramentas de gestão de projetos permite que as empresas acompanhem o progresso das iniciativas inovadoras em tempo real.

A inteligência artificial (IA) também desempenha um papel crucial na promoção da inovação. Com algoritmos capazes de analisar grandes volumes de dados, as empresas podem identificar tendências emergentes e comportamentos dos consumidores com maior precisão. Por exemplo, o uso da análise preditiva pode ajudar uma empresa a antecipar mudanças nas preferências dos clientes, ajustando suas ofertas antes mesmo que essas mudanças se tornem evidentes no mercado.

Além disso, ferramentas como o design thinking têm ganhado destaque por sua abordagem centrada no usuário. Essa metodologia incentiva as equipes a entender profundamente as necessidades dos clientes antes de desenvolver soluções. Plataformas digitais que suportam essa prática permitem prototipagem rápida e testes iterativos, reduzindo significativamente o tempo necessário para levar inovações ao mercado.

Por fim, a automação robótica de processos (RPA) é outra tecnologia transformadora que permite às empresas automatizar tarefas repetitivas e manuais. Isso não só aumenta a eficiência operacional como libera os colaboradores para se concentrarem em atividades mais estratégicas e criativas. Ao implementar RPA, muitas organizações relataram melhorias significativas na produtividade e na qualidade do trabalho realizado.

Em suma, as ferramentas tecnológicas são essenciais para fomentar um ambiente inovador dentro das empresas. Elas não apenas facilitam a comunicação e colaboração entre equipes, mas também oferecem insights valiosos através da análise de dados e permitem uma abordagem centrada no cliente para o desenvolvimento de produtos e serviços.

13.3 Casos reais de sucesso em inovação empresarial

A inovação empresarial é um fator crucial para a sustentabilidade e o crescimento das organizações no cenário competitivo atual. Diversas empresas têm se destacado por suas abordagens inovadoras, que não apenas transformaram seus modelos de negócios, mas também impactaram positivamente seus setores. A seguir, exploraremos alguns casos emblemáticos que ilustram como a inovação pode ser implementada com sucesso.

Um exemplo notável é o da **Netflix**, que revolucionou a forma como consumimos entretenimento. Inicialmente uma locadora de DVDs, a empresa percebeu a mudança nas preferências dos consumidores e investiu na criação de uma plataforma de streaming. Essa transição não só permitiu à Netflix expandir seu alcance global, mas também levou à produção de conteúdo original, como as séries "House of Cards" e "Stranger Things", solidificando sua posição como líder do setor.

Outro caso inspirador é o da **Tesla**, que desafiou as normas da indústria automotiva ao introduzir veículos elétricos com desempenho superior e design inovador. A Tesla não apenas focou na tecnologia dos carros elétricos, mas também desenvolveu uma rede de supercarregadores para facilitar a adoção desses veículos. Além disso, sua abordagem direta ao consumidor eliminou intermediários tradicionais, criando uma experiência mais personalizada e eficiente.

A **Amazon** também merece destaque por sua incessante busca pela inovação. Desde o início como uma livraria online até se tornar um gigante do comércio eletrônico, a Amazon tem constantemente aprimorado sua logística e experiência do cliente através da automação e uso intensivo de dados. O lançamento do Amazon Prime exemplifica essa estratégia ao oferecer entrega rápida e acesso exclusivo a conteúdos digitais, fidelizando clientes em larga escala.

Por fim, o caso da **Zara**, parte do grupo Inditex, ilustra como a inovação em processos pode transformar um setor inteiro. A marca adotou um modelo de "fast fashion", permitindo que novas tendências sejam rapidamente traduzidas em produtos disponíveis nas lojas em questão de semanas. Esse ciclo ágil não só atende às demandas dos consumidores modernos mas também minimiza desperdícios na produção.

Esses exemplos demonstram que a inovação empresarial vai além da tecnologia; trata-se de entender as necessidades do mercado e adaptar-se rapidamente às mudanças. As lições aprendidas com esses casos podem servir como inspiração para outras organizações que buscam se destacar em um ambiente cada vez mais dinâmico.

14 Análise Financeira

14.1 Indicadores financeiros essenciais

Os indicadores financeiros são ferramentas cruciais para a gestão eficaz de uma empresa, pois permitem que os gestores avaliem a saúde financeira e o desempenho operacional da organização. Esses indicadores não apenas ajudam na tomada de decisões estratégicas, mas também fornecem insights sobre áreas que necessitam de melhorias. A análise desses dados é fundamental para garantir a sustentabilidade e o crescimento do negócio.

Dentre os principais indicadores financeiros, destacam-se:

- **Liquidez Corrente:** Este indicador mede a capacidade da empresa em honrar suas obrigações de curto prazo. Um valor superior a 1 indica que a empresa possui ativos circulantes suficientes para cobrir suas dívidas imediatas.
- **Margem de Lucro:** Refere-se à porcentagem do lucro obtido em relação à receita total. Uma margem de lucro saudável é um sinal positivo, indicando eficiência operacional e controle de custos.
- **Retorno sobre Investimento (ROI):** O ROI é essencial para avaliar a rentabilidade dos investimentos realizados pela empresa. Um ROI elevado sugere que os recursos estão sendo utilizados de forma eficaz.
- **Ciclo Operacional:** Este indicador analisa o tempo necessário para transformar insumos em caixa através das vendas. Reduzir o ciclo operacional pode melhorar significativamente o fluxo de caixa da empresa.

A interpretação correta desses indicadores permite aos gestores identificar tendências e padrões que podem impactar diretamente as operações da empresa. Por exemplo, uma queda na liquidez corrente pode sinalizar problemas iminentes no fluxo de caixa, enquanto uma margem de lucro crescente pode indicar um aumento na eficiência ou na demanda por produtos ou serviços.

Os indicadores financeiros são ferramentas cruciais para a gestão eficaz de uma empresa, pois permitem que os gestores avaliem a saúde financeira e o desempenho operacional da organização. Esses indicadores não apenas ajudam na tomada de decisões estratégicas, mas também fornecem insights sobre áreas que necessitam de melhorias. A análise desses dados é fundamental para garantir a sustentabilidade e o crescimento do negócio.

Dentre os principais indicadores financeiros, destacam-se:

- **Liquidez Corrente:** Este indicador mede a capacidade da empresa em honrar suas obrigações de curto prazo. Um valor superior a 1 indica que a empresa possui ativos circulantes suficientes para cobrir suas dívidas imediatas.
- **Margem de Lucro:** Refere-se à porcentagem do lucro obtido em relação à receita total. Uma margem de lucro saudável é um sinal positivo, indicando eficiência operacional e controle de custos.
- **Retorno sobre Investimento (ROI):** O ROI é essencial para avaliar a rentabilidade dos investimentos realizados pela empresa. Um ROI elevado sugere que os recursos estão sendo utilizados de forma eficaz.
- **Ciclo Operacional:** Este indicador analisa o tempo necessário para transformar insumos em caixa através das vendas. Reduzir o ciclo operacional pode melhorar significativamente o fluxo de caixa da empresa.

A interpretação correta desses indicadores permite aos gestores identificar tendências e padrões que podem impactar diretamente as operações da empresa. Por exemplo, uma queda na liquidez corrente pode sinalizar problemas iminentes no fluxo de caixa, enquanto uma margem de lucro crescente pode indicar um aumento na eficiência ou na demanda por produtos ou serviços.

mostrado revolucionária, permitindo previsões mais precisas e identificação rápida de anomalias nos dados financeiros. Softwares avançados utilizam algoritmos para analisar grandes volumes de dados em tempo real, oferecendo relatórios detalhados que facilitam a tomada de decisão informada.
Portanto, compreender e monitorar esses indicadores financeiros essenciais não só ajuda as empresas a manterem sua competitividade no mercado, mas também proporciona uma base sólida para estratégias futuras e inovação contínua.

A integração da inteligência artificial na análise financeira tem se mostrado revolucionária, permitindo previsões mais precisas e identificação rápida de anomalias nos dados financeiros. Softwares avançados utilizam algoritmos para analisar grandes volumes de dados em tempo real, oferecendo relatórios detalhados que facilitam a tomada de decisão informada.

Portanto, compreender e monitorar esses indicadores financeiros essenciais não só ajuda as empresas a manterem sua competitividade no mercado, mas também proporciona uma base sólida para estratégias futuras e inovação contínua.

14.2 Softwares para análise financeira

A análise financeira é uma parte fundamental da gestão empresarial, e a utilização de softwares especializados tem se tornado cada vez mais comum entre as organizações que buscam otimizar seus processos e melhorar a tomada de decisões. Esses sistemas oferecem uma gama de funcionalidades que vão desde a coleta e organização de dados financeiros até a geração de relatórios detalhados, permitindo uma visão clara da saúde financeira da empresa.

Um dos principais benefícios dos softwares para análise financeira é a automação de tarefas repetitivas, como o lançamento de dados contábeis e a elaboração de relatórios. Isso não apenas economiza tempo, mas também reduz o risco de erros humanos. Além disso, muitos desses programas utilizam algoritmos avançados para realizar análises preditivas, ajudando os gestores a antecipar tendências e tomar decisões informadas com base em dados concretos.

Entre os softwares mais populares no mercado estão ferramentas como o QuickBooks, que é amplamente utilizado por pequenas e médias empresas devido à sua interface amigável e funcionalidades robustas. O SAP Business One, por outro lado, atende empresas maiores com necessidades complexas de integração entre diferentes departamentos. Outro exemplo notável é o Tableau, que se destaca na visualização de dados financeiros através de dashboards interativos que facilitam a interpretação das informações.

A escolha do software ideal depende das necessidades específicas da empresa. É crucial considerar fatores como escalabilidade, custo e suporte técnico ao selecionar uma ferramenta. Além disso, muitos fornecedores oferecem versões gratuitas ou testes limitados que permitem às empresas experimentar as funcionalidades antes da compra.

Por fim, a integração desses softwares com outras plataformas empresariais pode potencializar ainda mais os resultados obtidos na análise financeira. A capacidade de conectar dados financeiros com informações operacionais ou de vendas proporciona uma visão holística do desempenho da empresa, permitindo ajustes estratégicos em tempo real. Assim, investir em um software adequado não só melhora a eficiência operacional como também contribui significativamente para o crescimento sustentável do negócio.

14.3 Como a IA pode melhorar a análise financeira

A inteligência artificial (IA) está revolucionando a forma como as empresas realizam suas análises financeiras, proporcionando insights mais profundos e precisos que podem transformar a tomada de decisões. A capacidade da IA de processar grandes volumes de dados em tempo real permite que as organizações identifiquem padrões e tendências que seriam difíceis de perceber manualmente.

Um dos principais benefícios da IA na análise financeira é a automação avançada. Ferramentas baseadas em IA podem automatizar não apenas tarefas repetitivas, mas também processos complexos, como a previsão de receitas e despesas. Por exemplo, algoritmos de aprendizado de máquina podem analisar dados históricos para prever flutuações sazonais nas vendas, permitindo que os gestores planejem melhor seus orçamentos e alocem recursos com mais eficiência.

Além disso, a IA pode melhorar significativamente a detecção de fraudes financeiras. Sistemas inteligentes são capazes de monitorar transações em tempo real e identificar comportamentos anômalos que possam indicar atividades fraudulentas. Isso não só protege os ativos da empresa, mas também aumenta a confiança dos stakeholders na integridade das operações financeiras.

A personalização das análises também é uma área onde a IA se destaca. Com o uso de técnicas avançadas como processamento de linguagem natural (NLP), as ferramentas podem interpretar relatórios financeiros e gerar resumos personalizados para diferentes públicos dentro da organização. Isso garante que cada parte interessada receba informações relevantes e compreensíveis, facilitando uma comunicação mais eficaz sobre o desempenho financeiro.

Por fim, ao integrar soluções baseadas em IA com softwares tradicionais de análise financeira, as empresas conseguem criar um ecossistema robusto que potencializa suas capacidades analíticas. Essa sinergia entre tecnologias permite uma visão holística do negócio, onde decisões estratégicas são fundamentadas em dados concretos e análises preditivas precisas. Assim, investir em inteligência artificial não apenas melhora a eficiência operacional, mas também posiciona as empresas à frente no competitivo mercado atual.

15
Gestão da Qualidade

15.1 Princípios da gestão da qualidade

A gestão da qualidade é um aspecto fundamental para o sucesso de qualquer organização, pois garante que os produtos e serviços atendam às expectativas dos clientes e aos padrões estabelecidos. Os princípios da gestão da qualidade são diretrizes que orientam as práticas e processos dentro das empresas, promovendo a melhoria contínua e a satisfação do cliente.

Um dos principais princípios é o foco no cliente. As organizações devem entender as necessidades e expectativas de seus clientes para oferecer produtos e serviços que realmente agreguem valor. Isso não apenas aumenta a satisfação do cliente, mas também fortalece a lealdade à marca, resultando em um aumento nas vendas e na reputação da empresa.

Outro princípio essencial é a liderança. A alta administração deve criar um ambiente propício para que todos os colaboradores se sintam motivados e engajados com os objetivos organizacionais. Uma liderança eficaz promove uma cultura de qualidade, onde todos os membros da equipe compreendem seu papel na entrega de valor ao cliente.

A participação das pessoas também é crucial. Quando os colaboradores estão envolvidos nos processos de tomada de decisão e têm suas opiniões valorizadas, isso gera um senso de pertencimento e responsabilidade. Além disso, equipes bem treinadas são mais capazes de identificar problemas rapidamente e propor soluções inovadoras.

- **Abordagem por processos:** A gestão deve ser vista como uma série interligada de processos que contribuem para o resultado final. Essa abordagem permite identificar ineficiências e otimizar recursos.
- **Melhoria contínua:** As organizações devem estar comprometidas com a busca constante por melhorias em todos os aspectos do negócio, desde a produção até o atendimento ao cliente.
- **Decisões baseadas em evidências:** As decisões devem ser fundamentadas em dados concretos e análises objetivas, garantindo maior precisão nas estratégias adotadas.

A gestão da qualidade é um aspecto fundamental para o sucesso de qualquer organização, pois garante que os produtos e serviços atendam às expectativas dos clientes e aos padrões estabelecidos. Os princípios da gestão da qualidade são diretrizes que orientam as práticas e processos dentro das empresas, promovendo a melhoria contínua e a satisfação do cliente.

Um dos principais princípios é o foco no cliente. As organizações devem entender as necessidades e expectativas de seus clientes para oferecer produtos e serviços que realmente agreguem valor. Isso não apenas aumenta a satisfação do cliente, mas também fortalece a lealdade à marca, resultando em um aumento nas vendas e na reputação da empresa.

Outro princípio essencial é a liderança. A alta administração deve criar um ambiente propício para que todos os colaboradores se sintam motivados e engajados com os objetivos organizacionais. Uma liderança eficaz promove uma cultura de qualidade, onde todos os membros da equipe compreendem seu papel na entrega de valor ao cliente.

A participação das pessoas também é crucial. Quando os colaboradores estão envolvidos nos processos de tomada de decisão e têm suas opiniões valorizadas, isso gera um senso de pertencimento e responsabilidade. Além disso, equipes bem treinadas são mais capazes de identificar problemas rapidamente e propor soluções inovadoras.

- **Abordagem por processos:** A gestão deve ser vista como uma série interligada de processos que contribuem para o resultado final. Essa abordagem permite identificar ineficiências e otimizar recursos.
- **Melhoria contínua:** As organizações devem estar comprometidas com a busca constante por melhorias em todos os aspectos do negócio, desde a produção até o atendimento ao cliente.
- **Decisões baseadas em evidências:** As decisões devem ser fundamentadas em dados concretos e análises objetivas, garantindo maior precisão nas estratégias adotadas.

Parcerias sólidas podem resultar em inovações conjuntas e na melhoria contínua dos produtos oferecidos ao mercado.

Por fim, construir relacionamentos mutuamente benéficos com fornecedores é vital para garantir uma cadeia produtiva eficiente. Parcerias sólidas podem resultar em inovações conjuntas e na melhoria contínua dos produtos oferecidos ao mercado.

15.2 Ferramentas para controle da qualidade

A gestão da qualidade é um componente essencial para a competitividade e sustentabilidade das organizações. As ferramentas de controle da qualidade são instrumentos que auxiliam na identificação, análise e resolução de problemas relacionados à qualidade dos produtos e serviços. Essas ferramentas não apenas ajudam a garantir que os padrões sejam atendidos, mas também promovem uma cultura de melhoria contínua dentro das empresas.

Dentre as principais ferramentas utilizadas, destacam-se o Diagrama de Ishikawa, também conhecido como diagrama de causa e efeito, que permite identificar as causas raízes dos problemas. Essa ferramenta é especialmente útil em sessões de brainstorming, onde equipes podem mapear visualmente fatores que contribuem para um problema específico. Outro recurso valioso é o Gráfico de Controle, que ajuda a monitorar processos ao longo do tempo, permitindo identificar variações e tendências que possam indicar desvios na qualidade.

Além disso, as Listas de Verificação são fundamentais para garantir que todos os passos necessários em um processo sejam seguidos corretamente. Elas servem como guias práticos durante auditorias ou inspeções, assegurando que nenhum detalhe importante seja negligenciado. O Fluxograma também desempenha um papel crucial ao representar graficamente os passos de um processo, facilitando a compreensão e identificação de ineficiências ou redundâncias.

- **Histograma:** Uma representação gráfica da distribuição dos dados coletados em relação à qualidade, permitindo visualizar padrões e anomalias.
- **Análise SWOT:** Embora tradicionalmente usada em planejamento estratégico, essa ferramenta pode ser aplicada para avaliar forças e fraquezas relacionadas à qualidade dentro da organização.
- **Pareto:** O Princípio de Pareto (80/20) pode ser utilizado para priorizar problemas com base na frequência ou impacto deles sobre a qualidade total do produto ou serviço.

A implementação eficaz dessas ferramentas requer treinamento adequado e comprometimento por parte da equipe. Quando utilizadas corretamente, elas não apenas melhoram a qualidade dos produtos e serviços oferecidos pela empresa, mas também aumentam a satisfação do cliente e fortalecem a reputação organizacional no mercado.

15.3 A influência da IA na melhoria contínua

A inteligência artificial (IA) tem se tornado uma ferramenta indispensável na gestão da qualidade, especialmente no que diz respeito à melhoria contínua. Sua capacidade de processar grandes volumes de dados e identificar padrões ocultos permite que as organizações não apenas detectem problemas de qualidade mais rapidamente, mas também prevejam falhas antes que elas ocorram. Isso transforma a abordagem reativa tradicional em uma estratégia proativa, onde a prevenção é priorizada.

Um exemplo prático dessa aplicação é o uso de algoritmos de aprendizado de máquina para analisar dados históricos de produção. Esses algoritmos podem identificar correlações entre variáveis que afetam a qualidade do produto, permitindo ajustes nos processos em tempo real. Por exemplo, uma fábrica pode utilizar sensores IoT (Internet das Coisas) conectados a um sistema de IA para monitorar continuamente as condições operacionais e ajustar automaticamente os parâmetros do maquinário, garantindo assim que os padrões de qualidade sejam mantidos.

Além disso, a IA facilita a análise preditiva, onde modelos estatísticos são utilizados para prever tendências futuras com base em dados passados. Isso é particularmente útil em ambientes industriais onde pequenas variações podem ter um grande impacto na qualidade final do produto. Com essa informação em mãos, as equipes podem implementar melhorias antes mesmo que os problemas se tornem evidentes.

A integração da IA também promove uma cultura organizacional voltada para a inovação e adaptação constante. As empresas que adotam essas tecnologias tendem a ser mais ágeis e responsivas às mudanças nas demandas do mercado e nas expectativas dos clientes. A capacidade de coletar feedback em tempo real através de chatbots ou sistemas automatizados permite ajustes rápidos nos produtos e serviços oferecidos.

Por fim, ao liberar os colaboradores das tarefas repetitivas e analíticas por meio da automação inteligente, a IA permite que eles se concentrem em atividades estratégicas e criativas que impulsionam ainda mais a melhoria contínua dentro da organização. Assim, fica evidente que a influência da inteligência artificial na gestão da qualidade não só melhora processos existentes como também redefine o conceito de excelência operacional.

A inteligência artificial (IA) tem se tornado uma ferramenta indispensável na gestão da qualidade, especialmente no que diz respeito à melhoria contínua. Sua capacidade de processar grandes volumes de dados e identificar padrões ocultos permite que as organizações não apenas detectem problemas de qualidade mais rapidamente, mas também prevejam falhas antes que elas ocorram. Isso transforma a abordagem reativa tradicional em uma estratégia proativa, onde a prevenção é priorizada.
Um exemplo prático dessa aplicação é o uso de algoritmos de aprendizado de máquina para analisar dados históricos de produção. Esses algoritmos podem identificar correlações entre variáveis que afetam a qualidade do produto, permitindo ajustes nos processos em tempo real. Por exemplo, uma fábrica pode utilizar sensores IoT (Internet das Coisas) conectados a um sistema de IA para monitorar continuamente as condições operacionais e ajustar automaticamente os parâmetros do maquinário, garantindo assim que os padrões de qualidade sejam mantidos.
Além disso, a IA facilita a análise preditiva, onde modelos estatísticos são utilizados para prever tendências futuras com base em dados passados. Isso é particularmente útil em ambientes industriais onde pequenas variações podem ter um grande impacto na qualidade final do produto. Com essa informação em mãos, as equipes podem implementar melhorias antes mesmo que os problemas se tornem evidentes.
A integração da IA também promove uma cultura organizacional voltada para a inovação e adaptação constante. As empresas que adotam essas tecnologias tendem a ser mais ágeis e responsivas às mudanças nas demandas do mercado e nas expectativas dos clientes. A capacidade de coletar feedback em tempo real através de chatbots ou sistemas automatizados permite ajustes rápidos nos produtos e serviços oferecidos.
Por fim, ao liberar os colaboradores das tarefas repetitivas e analíticas por meio da automação inteligente, a IA permite que eles se concentrem em atividades estratégicas e criativas que impulsionam ainda mais a melhoria contínua dentro da organização. Assim, fica evidente que a influência da inteligência artificial na gestão da qualidade não só melhora processos existentes como também redefine o conceito de excelência operacional.

16
Sustentabilidade Empresarial

16.1 Práticas sustentáveis nas organizações

A adoção de práticas sustentáveis nas organizações é um tema cada vez mais relevante no contexto empresarial atual. As empresas estão sendo pressionadas não apenas por legislações ambientais, mas também por consumidores e investidores que buscam responsabilidade social e ambiental. Implementar práticas sustentáveis não é apenas uma questão ética, mas também uma estratégia inteligente para garantir a competitividade e a longevidade no mercado.

Uma das principais práticas sustentáveis envolve a gestão eficiente dos recursos naturais. Isso inclui a redução do consumo de água e energia, bem como a minimização da geração de resíduos. Por exemplo, muitas empresas têm investido em tecnologias que permitem o reaproveitamento de água na produção ou em sistemas de energia renovável, como painéis solares. Essas iniciativas não só diminuem os custos operacionais, mas também melhoram a imagem da empresa perante o público.

Além disso, as organizações estão cada vez mais adotando políticas de compras sustentáveis. Isso significa priorizar fornecedores que demonstram compromisso com práticas éticas e ambientais. A escolha consciente dos insumos pode impactar significativamente a pegada ecológica da empresa. Um exemplo notável é o setor alimentício, onde marcas têm buscado ingredientes orgânicos e locais para reduzir emissões associadas ao transporte e promover a agricultura sustentável.

A educação e engajamento dos colaboradores são igualmente cruciais para o sucesso das práticas sustentáveis. Programas de conscientização sobre sustentabilidade podem transformar a cultura organizacional, incentivando os funcionários a adotar comportamentos mais responsáveis tanto dentro quanto fora do ambiente de trabalho. Empresas que promovem essa cultura frequentemente observam um aumento na satisfação dos colaboradores e na retenção de talentos.

organizações têm utilizado indicadores como o Relatório Global de Sustentabilidade (GRI) para comunicar suas iniciativas ao público externo. Essa prática não só fortalece a reputação da empresa, mas também atrai investidores interessados em negócios com responsabilidade social.

Por fim, medir e relatar o impacto das ações sustentáveis é fundamental para garantir transparência e accountability. Muitas organizações têm utilizado indicadores como o Relatório Global de Sustentabilidade (GRI) para comunicar suas iniciativas ao público externo. Essa prática não só fortalece a reputação da empresa, mas também atrai investidores interessados em negócios com responsabilidade social.

16.2 Benefícios econômicos da sustentabilidade

A sustentabilidade empresarial não é apenas uma questão de responsabilidade social e ambiental, mas também um fator crucial para a saúde econômica das organizações. A adoção de práticas sustentáveis pode resultar em uma série de benefícios financeiros que impactam diretamente a lucratividade e a competitividade no mercado.

Um dos principais benefícios econômicos da sustentabilidade é a redução de custos operacionais. Empresas que implementam medidas para aumentar a eficiência energética, como o uso de tecnologias renováveis ou sistemas de gestão de energia, frequentemente observam uma diminuição significativa nas contas de energia. Por exemplo, empresas que investem em painéis solares podem reduzir seus gastos com eletricidade em até 50%, dependendo do tamanho da instalação e do consumo energético.

Além disso, a gestão eficiente dos recursos naturais contribui para a minimização de desperdícios e custos associados à disposição inadequada de resíduos. Organizações que adotam práticas como reciclagem e reutilização não apenas economizam dinheiro, mas também evitam multas relacionadas ao descumprimento das normas ambientais. Um estudo realizado pela McKinsey & Company revelou que empresas que implementaram programas robustos de sustentabilidade conseguiram reduzir seus custos operacionais em até 20% ao longo do tempo.

Outro aspecto importante é o aumento da receita proveniente da inovação sustentável. O desenvolvimento de produtos ecologicamente corretos ou serviços que atendem à demanda por soluções sustentáveis pode abrir novos mercados e atrair consumidores conscientes. Marcas como a Patagonia têm se destacado nesse sentido, conquistando um público fiel disposto a pagar mais por produtos que respeitam o meio ambiente.

Adicionalmente, as empresas sustentáveis tendem a ter acesso facilitado ao capital financeiro. Investidores estão cada vez mais interessados em apoiar negócios com práticas responsáveis, levando muitas organizações a obter melhores condições financeiras e taxas de juros mais baixas em empréstimos. Isso se deve ao fato de que investidores reconhecem o potencial reduzido de riscos associados às empresas comprometidas com a sustentabilidade.

Por fim, as iniciativas sustentáveis melhoram significativamente a imagem corporativa e fortalecem o relacionamento com stakeholders. Uma reputação positiva pode resultar em maior lealdade do cliente e atração de talentos qualificados, criando um ciclo virtuoso onde os benefícios econômicos se retroalimentam continuamente.

16.3 Tecnologias verdes impulsionadas pela IA

A integração da inteligência artificial (IA) nas tecnologias verdes representa um avanço significativo na busca por soluções sustentáveis. A capacidade da IA de processar grandes volumes de dados e aprender com eles permite otimizar processos, reduzir desperdícios e promover a eficiência energética em diversas indústrias. Essa sinergia não apenas contribui para a preservação ambiental, mas também gera benefícios econômicos substanciais para as empresas.

Um exemplo notável é o uso de algoritmos de aprendizado de máquina para prever padrões de consumo energético. Empresas que implementam essas tecnologias podem ajustar suas operações em tempo real, minimizando o uso desnecessário de energia. Por exemplo, sistemas inteligentes podem analisar dados históricos e condições climáticas para otimizar o funcionamento de sistemas HVAC (aquecimento, ventilação e ar-condicionado), resultando em economias significativas nas contas de energia.

Além disso, a IA pode ser aplicada na gestão eficiente dos recursos hídricos. Com sensores conectados à internet das coisas (IoT), é possível monitorar o consumo de água em tempo real e identificar vazamentos ou desperdícios antes que se tornem problemas maiores. Isso não só ajuda a conservar um recurso vital como também reduz custos operacionais associados ao tratamento e distribuição da água.

A agricultura sustentável também se beneficia enormemente das inovações trazidas pela IA. Tecnologias como drones equipados com câmeras e sensores permitem monitorar culturas com precisão, identificando áreas que necessitam de irrigação ou fertilização específica. Isso resulta em uma utilização mais racional dos insumos agrícolas, promovendo práticas que respeitam o meio ambiente enquanto aumentam a produtividade.

Por fim, as tecnologias verdes impulsionadas pela IA têm um papel crucial na economia circular. Sistemas inteligentes podem facilitar a reciclagem ao classificar automaticamente materiais recicláveis e otimizar rotas logísticas para coleta, reduzindo assim a pegada de carbono associada ao transporte. À medida que mais empresas adotam essas soluções inovadoras, espera-se que os impactos positivos sobre o meio ambiente se ampliem significativamente.

16.3 Tecnologias verdes impulsionadas pela IA

A integração da inteligência artificial (IA) nas tecnologias verdes representa um avanço significativo na busca por soluções sustentáveis. A capacidade da IA de processar grandes volumes de dados e aprender com eles permite otimizar processos, reduzir desperdícios e promover a eficiência energética em diversas indústrias. Essa sinergia não apenas contribui para a preservação ambiental, mas também gera benefícios econômicos substanciais para as empresas.

Um exemplo notável é o uso de algoritmos de aprendizado de máquina para prever padrões de consumo energético. Empresas que implementam essas tecnologias podem ajustar suas operações em tempo real, minimizando o uso desnecessário de energia. Por exemplo, sistemas inteligentes podem analisar dados históricos e condições climáticas para otimizar o funcionamento de sistemas HVAC (aquecimento, ventilação e ar-condicionado), resultando em economias significativas nas contas de energia.

Além disso, a IA pode ser aplicada na gestão eficiente dos recursos hídricos. Com sensores conectados à internet das coisas (IoT), é possível monitorar o consumo de água em tempo real e identificar vazamentos ou desperdícios antes que se tornem problemas maiores. Isso não só ajuda a conservar um recurso vital como também reduz custos operacionais associados ao tratamento e distribuição da água.

A agricultura sustentável também se beneficia enormemente das inovações trazidas pela IA. Tecnologias como drones equipados com câmeras e sensores permitem monitorar culturas com precisão, identificando áreas que necessitam de irrigação ou fertilização específica. Isso resulta em uma utilização mais racional dos insumos agrícolas, promovendo práticas que respeitam o meio ambiente enquanto aumentam a produtividade.

Por fim, as tecnologias verdes impulsionadas pela IA têm um papel crucial na economia circular. Sistemas inteligentes podem facilitar a reciclagem ao classificar automaticamente materiais recicláveis e otimizar rotas logísticas para coleta, reduzindo assim a pegada de carbono associada ao transporte. À medida que mais empresas adotam essas soluções inovadoras, espera-se que os impactos positivos sobre o meio ambiente se ampliem significativamente.

17
Tendências Futuras na Gestão Empresarial

17.1 O futuro do trabalho com inteligência artificial

A integração da inteligência artificial (IA) no ambiente de trabalho está transformando a forma como as empresas operam e interagem com seus colaboradores. A IA não apenas automatiza tarefas repetitivas, mas também oferece insights valiosos que podem melhorar a tomada de decisões estratégicas. Essa evolução é crucial em um mundo onde a agilidade e a eficiência são fundamentais para o sucesso organizacional.

Um dos principais impactos da IA no futuro do trabalho é a personalização das experiências dos funcionários. Ferramentas baseadas em IA podem analisar dados de desempenho e preferências individuais, permitindo que as empresas ofereçam treinamentos personalizados e oportunidades de desenvolvimento profissional adaptadas às necessidades específicas de cada colaborador. Isso não só aumenta a satisfação no trabalho, mas também potencializa o engajamento e a produtividade.

Além disso, a IA pode desempenhar um papel significativo na gestão do capital humano. Softwares avançados podem prever tendências de rotatividade, ajudando os gestores a identificar fatores que levam à insatisfação dos funcionários antes que se tornem problemas críticos. Com isso, as organizações podem implementar estratégias proativas para reter talentos, criando um ambiente mais saudável e motivador.

- A análise preditiva pode ajudar na identificação de padrões comportamentais entre os colaboradores.
- Chatbots alimentados por IA podem oferecer suporte contínuo aos funcionários, respondendo perguntas frequentes sobre políticas internas ou benefícios.
- Sistemas inteligentes podem otimizar processos de recrutamento ao filtrar currículos e identificar candidatos ideais com base em critérios específicos.

Em suma, o futuro do trabalho com inteligência artificial promete não apenas aumentar a eficiência operacional das empresas, mas também transformar radicalmente as relações humanas dentro delas. À medida que essas tecnologias evoluem, será essencial que as organizações adotem uma abordagem equilibrada que valorize tanto os resultados quanto o bem-estar dos colaboradores.

automatizado traz desafios éticos significativos. Questões relacionadas à privacidade dos dados dos funcionários e à transparência nos algoritmos utilizados precisam ser abordadas cuidadosamente para garantir que as implementações de IA sejam justas e equitativas. As empresas devem estabelecer diretrizes claras sobre como os dados serão coletados e utilizados, promovendo uma cultura organizacional baseada na confiança.

No entanto, essa transição para um ambiente de trabalho mais automatizado traz desafios éticos significativos. Questões relacionadas à privacidade dos dados dos funcionários e à transparência nos algoritmos utilizados precisam ser abordadas cuidadosamente para garantir que as implementações de IA sejam justas e equitativas. As empresas devem estabelecer diretrizes claras sobre como os dados serão coletados e utilizados, promovendo uma cultura organizacional baseada na confiança.

17.2 Novas tecnologias emergentes

A ascensão de novas tecnologias emergentes está moldando o futuro da gestão empresarial, oferecendo ferramentas inovadoras que podem transformar a maneira como as organizações operam. Tecnologias como blockchain, Internet das Coisas (IoT), realidade aumentada (AR) e 5G estão se tornando cada vez mais relevantes no ambiente corporativo, permitindo uma maior eficiência, transparência e conectividade.

O **blockchain**, por exemplo, não é apenas uma tecnologia subjacente às criptomoedas; sua aplicação em cadeias de suprimentos pode revolucionar a forma como as empresas rastreiam produtos e garantem a autenticidade. Com um registro descentralizado e imutável, as organizações podem aumentar a confiança entre parceiros comerciais e consumidores, reduzindo fraudes e melhorando a rastreabilidade dos produtos.

A **Internet das Coisas** também desempenha um papel crucial na transformação digital das empresas. Dispositivos conectados coletam dados em tempo real sobre operações, permitindo que os gestores tomem decisões informadas rapidamente. Por exemplo, sensores em máquinas industriais podem prever falhas antes que ocorram, minimizando o tempo de inatividade e os custos associados à manutenção corretiva.

A **realidade aumentada** está mudando a forma como as empresas treinam seus funcionários e interagem com os clientes. Em setores como varejo e manufatura, AR pode ser utilizada para criar experiências imersivas que ajudam na visualização de produtos ou na simulação de processos complexos. Isso não só melhora o aprendizado dos colaboradores mas também enriquece a experiência do cliente ao permitir uma interação mais dinâmica com os produtos.

Por fim, a implementação do **5G** promete acelerar ainda mais essa revolução tecnológica. Com velocidades de internet significativamente mais rápidas e latência reduzida, as empresas poderão aproveitar ao máximo suas soluções baseadas em nuvem e IoT. Isso permitirá uma comunicação instantânea entre dispositivos e sistemas, facilitando operações mais ágeis e eficientes.

No entanto, à medida que essas tecnologias emergem, surgem também desafios relacionados à segurança cibernética e à privacidade dos dados. As organizações devem estar preparadas para enfrentar esses riscos implementando políticas robustas de proteção de dados enquanto exploram as oportunidades oferecidas por essas inovações tecnológicas.

17.3 Preparando-se para o futuro empresarial

A preparação para o futuro empresarial é um aspecto crucial que envolve a adaptação e a antecipação das mudanças no ambiente de negócios. Com a rápida evolução das tecnologias e as transformações nas expectativas dos consumidores, as empresas precisam desenvolver uma mentalidade proativa e flexível. Isso não apenas garante a sobrevivência em um mercado competitivo, mas também abre portas para inovações que podem levar ao crescimento sustentável.

Um dos primeiros passos na preparação para o futuro é a adoção de uma cultura organizacional que valorize a aprendizagem contínua. As empresas devem incentivar seus colaboradores a se atualizarem constantemente sobre novas tendências e tecnologias. Programas de capacitação e desenvolvimento profissional são essenciais, pois permitem que os funcionários adquiram habilidades relevantes, como análise de dados, gestão de projetos ágeis e competências digitais.

Além disso, as organizações devem investir em tecnologia não apenas como uma ferramenta operacional, mas como um elemento estratégico. A integração de sistemas baseados em inteligência artificial (IA) pode otimizar processos internos e melhorar a experiência do cliente. Por exemplo, chatbots alimentados por IA podem oferecer suporte ao cliente 24/7, enquanto algoritmos preditivos ajudam na personalização de ofertas com base no comportamento do consumidor.

A colaboração interdepartamental também é fundamental para preparar as empresas para o futuro. Ao promover um ambiente onde diferentes áreas da organização trabalham juntas em projetos comuns, as empresas podem fomentar inovações mais eficazes e rápidas. Essa abordagem colaborativa permite que ideias sejam compartilhadas livremente e que soluções criativas surjam naturalmente.

Por fim, é vital que as empresas desenvolvam estratégias robustas de gestão de riscos. À medida que novas tecnologias emergem, também surgem novos desafios relacionados à segurança cibernética e à privacidade dos dados. Implementar políticas rigorosas de proteção da informação não só protege os ativos da empresa, mas também constrói confiança entre clientes e parceiros comerciais.

Em suma, preparar-se para o futuro empresarial exige uma combinação de aprendizado contínuo, investimento estratégico em tecnologia, colaboração interna eficaz e gestão proativa de riscos. Essas práticas não apenas posicionam as organizações para enfrentar desafios futuros com confiança, mas também as capacitam a aproveitar oportunidades emergentes no dinâmico cenário global.

18
Conclusão

18.1 Reflexões sobre a gestão moderna

A gestão moderna enfrenta um cenário em constante transformação, impulsionado por inovações tecnológicas e mudanças nas expectativas dos consumidores. A integração da inteligência artificial (IA) na administração das empresas não é apenas uma tendência, mas uma necessidade para se manter competitivo no mercado atual. As organizações que adotam essas tecnologias têm a oportunidade de otimizar processos, melhorar a tomada de decisões e oferecer produtos e serviços mais alinhados às necessidades dos clientes.

Um dos principais desafios da gestão contemporânea é a adaptação à velocidade das mudanças. O ambiente empresarial exige que os gestores sejam ágeis e flexíveis, capazes de responder rapidamente às novas demandas do mercado. Nesse contexto, a IA pode ser uma aliada poderosa, permitindo análises preditivas que ajudam as empresas a antecipar tendências e ajustar suas estratégias de forma proativa.

Além disso, a gestão do capital humano se torna cada vez mais complexa. As organizações precisam cultivar um ambiente de trabalho que promova o engajamento e a motivação dos colaboradores. Ferramentas baseadas em IA podem auxiliar na identificação de padrões comportamentais, ajudando os líderes a entender melhor as necessidades da equipe e implementar ações que promovam um clima organizacional positivo.

- A importância da personalização: A IA permite que as empresas ofereçam experiências personalizadas aos seus clientes, aumentando a satisfação e fidelização.
- O papel da análise de dados: Com o uso de big data, as organizações podem tomar decisões informadas com base em dados concretos, minimizando riscos.
- Inovação contínua: A gestão moderna deve estar aberta à inovação constante, utilizando tecnologias emergentes para aprimorar produtos e processos.

também da capacidade das lideranças em inspirar suas equipes e fomentar uma cultura organizacional adaptável. O futuro das empresas será moldado por aqueles que souberem equilibrar tecnologia com humanização na gestão.

Por fim, refletir sobre a gestão moderna implica reconhecer que o sucesso não depende apenas da adoção de novas tecnologias, mas também da capacidade das lideranças em inspirar suas equipes e fomentar uma cultura organizacional adaptável. O futuro das empresas será moldado por aqueles que souberem equilibrar tecnologia com humanização na gestão.

18.2 O papel contínuo da inteligência artificial

A inteligência artificial (IA) está se consolidando como um elemento central na transformação das organizações modernas, não apenas como uma ferramenta de eficiência, mas como um motor de inovação e adaptação. À medida que as empresas enfrentam desafios crescentes em um ambiente competitivo e dinâmico, a IA oferece soluções que vão além da automação de processos; ela permite uma reconfiguração completa das estratégias empresariais.

Um dos aspectos mais significativos do papel contínuo da IA é sua capacidade de aprender e evoluir com o tempo. Sistemas de aprendizado de máquina podem analisar grandes volumes de dados para identificar padrões que seriam invisíveis ao olho humano. Isso não só melhora a precisão nas previsões de mercado, mas também possibilita a personalização em massa, onde produtos e serviços são adaptados às preferências individuais dos consumidores. Por exemplo, plataformas de streaming utilizam algoritmos para sugerir conteúdos baseados no histórico do usuário, aumentando o engajamento e a satisfação.

Além disso, a IA desempenha um papel crucial na análise preditiva, permitindo que as empresas antecipem tendências antes que se tornem evidentes. Isso é especialmente relevante em setores como varejo e finanças, onde decisões rápidas podem resultar em vantagens competitivas significativas. A capacidade de prever flutuações no comportamento do consumidor ou mudanças econômicas pode ser decisiva para o sucesso organizacional.

A gestão do capital humano também se beneficia enormemente da integração da IA. Ferramentas analíticas podem ajudar os líderes a entender melhor as dinâmicas internas da equipe, identificando áreas que necessitam de desenvolvimento ou reconhecimento. Isso promove um ambiente mais colaborativo e motivador, essencial para manter talentos em tempos desafiadores.

Por fim, à medida que a tecnologia avança, o papel da IA continuará a se expandir. As organizações devem estar preparadas para adotar novas inovações tecnológicas e integrar essas ferramentas em suas operações diárias. O futuro será moldado por aqueles que não apenas implementarem tecnologias emergentes, mas também souberem equilibrar essa inovação com uma abordagem centrada nas pessoas.

18.3 Considerações finais sobre o futuro das empresas

O futuro das empresas está intrinsecamente ligado à capacidade de adaptação e inovação em um mundo em constante mudança. À medida que as tecnologias evoluem, especialmente a inteligência artificial, as organizações precisam repensar suas estratégias e modelos de negócios para se manterem relevantes. A transformação digital não é mais uma opção; é uma necessidade imperativa para a sobrevivência no mercado competitivo atual.

Um dos principais desafios que as empresas enfrentarão será a integração eficaz da tecnologia com a cultura organizacional. A resistência à mudança pode ser um obstáculo significativo, mas promover uma mentalidade aberta e colaborativa entre os colaboradores é essencial. As empresas que investirem em treinamento e desenvolvimento contínuo estarão melhor posicionadas para aproveitar as oportunidades oferecidas pela IA e outras inovações tecnológicas.

A sustentabilidade também se tornará um fator crucial na definição do sucesso empresarial. Consumidores estão cada vez mais conscientes do impacto ambiental das suas escolhas, exigindo que as empresas adotem práticas responsáveis. Isso não apenas melhora a imagem da marca, mas também pode resultar em economias significativas através da eficiência operacional e redução de desperdícios.

Além disso, o foco na experiência do cliente será vital. Com o aumento da personalização proporcionada pela análise de dados avançada, as empresas devem se esforçar para entender profundamente as necessidades e desejos dos consumidores. Aqueles que conseguirem criar experiências únicas e memoráveis terão uma vantagem competitiva significativa.

Por fim, o futuro das empresas será moldado por sua capacidade de colaborar com outras organizações, incluindo startups inovadoras e instituições acadêmicas. Parcerias estratégicas podem acelerar o desenvolvimento de novas soluções e expandir horizontes de mercado. Em suma, o sucesso no futuro dependerá não apenas da adoção tecnológica, mas também da habilidade em construir relacionamentos sólidos dentro do ecossistema empresarial.

Referências:

- BECKER, B. E., & HUSELID, M. A. (2006). Strategic Human Resource Management: Where Do We Go From Here?
- KAPLAN, R. S., & NORTON, D. P. (1996). The Balanced Scorecard: Translating Strategy into Action.
- Davenport, T. H., & Ronanki, R. (2018). AI for the Real World.
- Russell, S., & Norvig, P. (2016). Inteligência Artificial: Estruturas e Estratégias para a Solução Complexa de Problemas.
- PORTER, M. E. (1996). Competitive Advantage: Creating and Sustaining Superior Performance.
- KOTLER, P., & KELLER, K. L. (2012). Marketing Management.
- CHEN, J., & ZHANG, C. (2020). Artificial Intelligence in Business: A Review of Applications and Challenges.
- Goleman, D. (2011). Inteligência Emocional.
- Kahneman, D. (2012). Rápido e Devagar: Duas Formas de Pensar.
- Senge, P. M. (2006). A Quinta Disciplina: A Arte e a Prática da Organização que Aprende.
- Wang, Y., Kung, L. A., & Byrd, T. A. (2018). Big Data in Healthcare: A Systematic Review.
- Marr, B. (2018). A Revolução da Inteligência Artificial: Como a IA Está Transformando os Negócios.
- CHESBROUGH, H. (2003). Open Innovation: The New Imperative for Creating and Profiting from Technology.
- PEREIRA, L.; SOUZA F.J.(2019) O Impacto da IA na Experiência do Colaborador</ li > < li > SILVA , M.T . Análise Preditiva no Controle de Fluxo de Caixa . Revista de Finanças , v . 15 , n . 3 , p . 45 - 60 , 2021 . </ li >

- BECKER, B. E., & HUSELID, M. A. (2006). Strategic Human Resource Management: Where Do We Go From Here?
- KAPLAN, R. S., & NORTON, D. P. (1996). The Balanced Scorecard: Translating Strategy into Action.
- Davenport, T. H., & Ronanki, R. (2018). AI for the Real World.
- Russell, S., & Norvig, P. (2016). Inteligência Artificial: Estruturas e Estratégias para a Solução Complexa de Problemas.
- PORTER, M. E. (1996). Competitive Advantage: Creating and Sustaining Superior Performance.
- KOTLER, P., & KELLER, K. L. (2012). Marketing Management.
- CHEN, J., & ZHANG, C. (2020). Artificial Intelligence in Business: A Review of Applications and Challenges.
- Goleman, D. (2011). Inteligência Emocional.
- Kahneman, D. (2012). Rápido e Devagar: Duas Formas de Pensar.
- Senge, P. M. (2006). A Quinta Disciplina: A Arte e a Prática da Organização que Aprende.
- Wang, Y., Kung, L. A., & Byrd, T. A. (2018). Big Data in Healthcare: A Systematic Review.
- Marr, B. (2018). A Revolução da Inteligência Artificial: Como a IA Está Transformando os Negócios.
- CHESBROUGH, H. (2003). Open Innovation: The New Imperative for Creating and Profiting from Technology.
- PEREIRA, L.; SOUZA F.J.(2019) O Impacto da IA na Experiência do Colaborador</ li > < li > SILVA , M.T . Análise Preditiva no Controle de Fluxo de Caixa . Revista de Finanças , v . 15 , n . 3 , p . 45 - 60 , 2021 . </ li >

O livro "Gestão Administrativa de empresas privadas com auxílio da Inteligência Artificial" aborda a gestão empresarial contemporânea, focando nos principais desafios enfrentados pelos gestores e como a inteligência artificial pode ser uma aliada na resolução desses problemas. Com mais de 200 páginas, a obra se propõe a ser um guia técnico e prático, repleto de citações de autores renomados na área de administração.

Entre os tópicos abordados, destaca-se a acuracidade de estoques, onde são apresentados softwares de gestão que utilizam inteligência artificial para otimizar o controle de inventário. A logística também é discutida, com ênfase nas soluções tecnológicas que melhoram a eficiência operacional. O livro ainda explora as dificuldades relacionadas à falta de vendas, propondo inovações através do marketing e ferramentas gerenciais.

A relação entre orçamento e contas a pagar/receber é analisada por meio de planilhas e fluxos financeiros, enquanto o fluxo de caixa é detalhado com modelos exemplares das dificuldades enfrentadas pelas empresas. O plano de vendas é outro ponto crucial, ilustrando desafios reais e soluções práticas disponíveis no mercado.

Por fim, o departamento pessoal é examinado sob a ótica da gestão do capital humano, abordando questões como motivação dos colaboradores e lideranças internas. O livro também discute aspectos legais relacionados à rescisão contratual e orientações sobre previdência privada. Em suma, esta obra oferece uma visão abrangente sobre como a inteligência artificial pode transformar a gestão administrativa nas empresas modernas.

www.ingramcontent.com/pod-product-compliance
Ingram Content Group UK Ltd.
Pitfield, Milton Keynes, MK11 3LW, UK
UKHW061818190726
13853UKWH00007B/2211